총론
역사란 무엇인가?

민음 지식의 정원 서양사편
001

역사란 무엇인가?

정기문

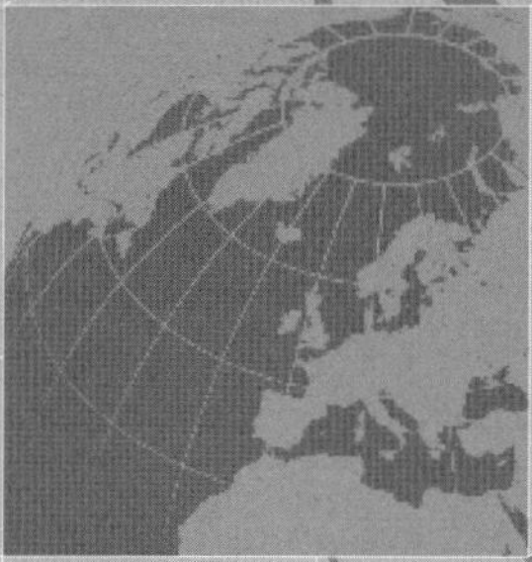

민음인

머리말 역사란 무엇인가? 6

1 **역사는 어떤 의미이며 사료란 무엇일까?** 15
'역사'의 의미는 무엇일까?
사료에는 어떤 것들이 있을까?
사료는 항상 객관적인 사실을 담고 있을까?
사료가 위조될 수도 있을까?
사료가 왜곡될 수도 있을까?
사료 비판이란 무엇일까?

2 **역사가는 있는 그대로 역사를** 47
 인식할 수 있을까?
역사가가 사실을 있는 그대로 묘사할 수 없는 이유는 무엇일까?

3 **사실(事實)과 사실(史實)은 어떤 차이가 있을까?** 63
사실(事實)과 사실(史實)은 어떻게 구분할까?
역사적 사실의 기준은 무엇일까?
사실(史實)의 등급이 변할 수도 있을까?

4 **역사는 발견되는 것인가, 발명되는 것인가?** 81
과거는 실재하는가?
사료 속에 숨어 있는 과거의 상이란 무엇인가?
역사가의 주요 임무는 무엇일까?
역사적 발견은 지금도 계속되고 있을까?
역사는 발견에서 멈추지 않는다는 말은 무슨 뜻일까?

5 당파성은 역사에 어떻게 작용할까?   101

역사가는 사료의 가치를 어떻게 판단할까?
잔 다르크에 대한 평가는 어떻게 달라졌을까?
현재가 과거를 지배한다는 말의 의미는 무엇일까?
역사가의 당파성은 피할 수 없는 것일까?

6 역사는 과학인가, 문학인가?   123

역사는 과학인가?
역사는 문학인가?
역사도 과학적 설명 방식을 사용할까?
역사에서 사용하는 일반화란 무엇인가?
그래도 역사를 문학이라고 말하는 이유는 무엇일까?

7 역사는 왜 배우는가?   149

역사가 재미있게 느껴지는 이유는 무엇일까?
역사가 주는 간접 경험이란 무엇일까?
도덕을 추구하는 역사의 문제점은 무엇일까?
역사를 통해 미래를 예측할 수 있을까?
공동체의 정체성과 역사는 어떤 관계일까?
역사를 통해 사고력을 키울 수 있을까?
우리는 왜 역사를 배우는가?

더 읽어 볼 책들   182

머리말 **역사란 무엇인가?**

당신의 귀와 눈은 벌써 오래전부터 현실의 여러 가지 상태가 보이지 않도록,
또 당신 자신을 기만하도록 길들여져 왔다.

― **헤르만 헤세**(Hermann Hesse, 1877~1962)

역사라는 단어와 잘 어울리는 것은 무엇일까? 두터운 먼지 속에 쌓여 있고 곰팡내를 풍기는 고문서라고 말하는 사람도 있을 것이고, 외우기를 강요당하는 긴 연대표라고 말하는 사람도 있을 것이다. 서산 마애 삼존 불상과 같은 유물이라고 말하는 사람도 있을 것이고, 이순신 장군과 같은 영웅들이라고 말하는 사람도 있을 것이다. 이 외에도 여러 가지가 있지만, 모두 과거에 활동했던 인물이거나 과거에 만들어진 것들이다. 따라서 역사란 무엇인가를 알고자 한다면 먼저 과거에 대해서 알아야 한다.

하룻밤 자고 나면 새로운 것들이 생겨나고 모든 것이 쏜살같이 변화하는 시대에 과거를 연구하고 과거를 알아야 한다고 주장하면 왠지 시대에 뒤떨어지고 고리타분하게 느껴질 수도 있다. 이미 흘러가 버린 과거는 더 이상 생각하지 말고

앞으로 다가올 미래를 생각하는 것이 바람직한 태도인 것처럼 여겨질 수도 있다. 그러나 이런 생각은 근본적으로 잘못된 것이다. 과거는 그냥 소멸되거나 사라지는 것이 아니고, 차곡차곡 쌓이는 것이다. 인간은 과거라는 주춧돌 위에 집을 짓고 사는 존재이기 때문이다. 주춧돌이 무너지면 집이 무너지듯이 과거가 무너지면 인간도 무너진다. 인간은 자신의 정체성과 현재 자신이 누리는 여러 권리의 정당성을 과거에서 끌어올 수밖에 없기 때문이다.

정체성은 '내가 누구인가'라는 것을 인식하는 것이다. 생면부지의 사람들이 모였을 때 서로 "당신은 누구세요?"라고 물으면 어떻게 대답할까? 사람들은 자신의 이름과 고향, 학력, 경력, 부모 등에 대해서 이야기할 것이다. 이 가운데 과거가 아닌 것은 아무것도 없다. 현재 쓰고 있는 이름조차도 과거에 지어진 것이다. 한 사람이 다른 사람과 구별될 수 있는 것은 각자의 과거가 다르기 때문이다. 즉 과거는 개인의 정체성을 확립하는 데 중요한 역할을 한다. 개인뿐만 아니라 집단도 마찬가지이다. 만약 우리가 미국인을 만나서 한국을 소개하려고 하면 무슨 이야기를 할까? 한국어를 사용하는 황인종이라든가, 한복을 입는다든가 전통문화에 대한 이야기를 할 수밖에 없다. 물론 현재의 각종 통계를 이야기할 수 있겠지만, 통계라는 것도 분명 과거에 일어난 일을 수치로 나타낸 것이다. 이처럼 과거는 집단의 정체성을 확립하는 기능을 갖고 있다.

과거는 또한 현재의 상황을 인준하는 역할을 한다. 현재 우리가 갖고 있는 사회적 지위, 재산, 명예 등은 모두 과거에서부터 비롯된 것이다. 일제 강점기에 독립운동을 했던 사람들의 자손들은 어디에서든 독립운동가의 후손이라고 어깨에 힘주고 다닐 수 있다. 이런 사람들의 긍지는 자신이 스스로 이룩한 업적에 의해서가 아니라 조상이 이룩한 업적에서 나온다. 반면에 친일파였던 사람들의 후손은 자신이 친일파의 후손이라는 사실을 숨기려고 한다. 사람들에게 친일파의 후손이라고 선전하고 다녀 보았자 이로울 것이 거의 없기 때문이다.

독도 영유권 논쟁을 생각해 보자. 독도가 어느 나라 땅인가는 대단히 중요한 문제이다. 독도 주변에 풍부한 자원이 있기 때문이다. 한국과 일본이 독도가 각기 자기 나라 땅이라고 주장하면서 내세우는 근거들을 살펴보자. 대부분 과거의 사실들이다. 한국인들은 삼국 시대부터 독도가 우리나라 땅이었다는 문헌 자료와 지도 등을 주요 증거로 제시한다. 일본인들은 조선 시대 이후, 특히 근대에 많은 일본인들이 독도 연해에서 활동했으며, 일본이 한동안 독도를 일본 땅으로 지배했다는 사실을 증거로 제시한다. 물론 이렇게 영토 분쟁이 발생할 때마다 과거의 소유나 점유 사실을 제시하는 것은 한국이나 일본만 하는 것은 아니며 세계 어느 나라든 보편적으로 하는 일이다. 그런 의미에서 과거는 이미 사라져 버린 무용지물이 결코 아니다. 오히려 엄청난 이익을 가져다줄 수 있는 소중한 자산이다. 이 소중한 자산을 지키고 연구하는 학문이 역사이다. 이를 통해 역사는 결코 고리타분한 학문이 아니라는 것을 알 수 있다.

역사를 지루한 암기 과목이라고 생각하는 사람들이 있다. 수많은 사건들의 순서와 연대를 외워야 하기 때문이다. 그러나 누군가 지구 상에 발생한 모든 사건의 순서와 연대를 다 외운다고 해서 그 사람이 훌륭한 역사가가 되는 것은 아니다. 역사가의 임무는 과거의 사실을 아는 것에서 멈추지 않는다. 역사가는 과거의 사실을 암기하는 사람이 아니라 과거의 사실에 근거해서 논쟁하는 사람이기 때문이다.

과거가 현재를 인준하기 때문에 사람들은 훌륭한 과거를 가지고 싶어 한다. 모든 사람들이 훌륭한 사람, 뛰어난 업적을 남긴 사람을 조상으로 삼고자 하고, 뛰어난 역량과 많은 문화유산을 가진 나라로 만들고자 하는 욕구를 갖고 있다. 그런데 이런 욕구는 서로 충돌할 경우가 많고, 이로 인해 논쟁이 발생한다.

가령 일본인들은 무리해서라도 독도를 일본 땅으로 만들고 싶어 한다. 그러면 독도는 한국 땅인가 일본 땅인가라는 논쟁이 발생하고, 이 논쟁을 주도하는 사람들이 바로 역사학자이다. 역사학자들은 논쟁에서 이기기 위해 자료를 준비하고, 논리를 개발한다.

역사가가 암기하는 사람이 아니라 논쟁하는 사람이라는 사실을 인정한다면, 우리는 '역사란 무엇인가'라는 질문을 여러 개의 질문으로 나누어 생각해 볼 수 있다.

먼저 논쟁을 하려면 무기가 필요하다. 역사가의 무기는 무엇이고 그것을 어떻게 마련할까? 역사가의 무기는 과거의 사실이고, 역사가는 사료를 통해서 그것을 획득한다. 따라서 역사란 무엇인지 알고자 한다면 먼저 사료가 무엇이고, 사료를 어떻게 읽어야 하는지 살펴보아야 한다.

그런데 역사가가 사료를 읽고 과거를 재구성하는 작업을 할 때 중요한 두 가지 문제가 발생한다. 먼저 역사가는 과거를 직접 보지 않고, 사료에 담겨진 과거를 본다. 과연 사료는 역사적 사실을 있는 그대로 담고 있는 것일까? 그리고 역사가는 그 사실을 있는 그대로 인식할 수 있을까?

역사가가 사료를 읽는 것은 과거의 사실과 대화를 나누는 일이기에, 역사는 과거와 현재의 대화라고 할 수 있다. 그러나 이 대화에서 끊임없이 질문하는 사람은 역사가이고 '큰 바위 얼굴'처럼 묵묵히 답하는 것은 과거이다. 둘 사이의 대화는 주로 역사가가 질문을 던질 때야 비로소 시작된다. '큰 바위 얼굴'이 스스로 말할 수 없듯이, 과거는 스스로 말하지 않고 역사가의 입을 통해서 말한다. 역사가가 과거를 향해서 던지는 질문은 계속해서 변한다. 그런데 과거의 수많은 사실 가운데 어떤 사실은 '큰 바위 얼굴'로 우뚝 서고, 어떤 사실은 망각 속으로 사라지는 것일까?

2장과 3장을 읽고 나면 사료는 과거의 사실을 있는 그대로 담고 있는 것이 아니며, 역사가는 항상 현재의 관점에서 과거를 재해석한다는 것을 알게 될 것이다. 그리고 역사적 사실이 끊임없이 변화한다는 것을 알게 될 것이다. 과거의 인간이 과거의 사실을 보고 기록하고, 현재의 역사가가 그 기록(사료)을 읽고 해석함으로써 역사가 창작된다. 따라서 역사는 아무것도 없는 상태에서 무언가 새로운 것을 탄생시키는 발명이라고 말할 수 있을 것이다. 그러나 역사는 과거 사실의 본래 모습을 찾아내는 작업이고, 과거의 빛이 없었다면 아무것도 할 수 없다. 이 점에서 역사는 숨겨져 있는 무엇인가를 발견하는 것이다. 역사는 과연 발명되는 것일까, 발견되는 것일까?

역사가 발견되는 것이든 발명되는 것이든 그 작업을 하는 사람은 역사가이다. 그런데 모든 역사가는 사회에 속해 있으며, 사회의 요구와 압력을 받는다. 사회는 또한 여러 집단으로 나뉘어져 있으며, 각기 자기의 이익을 추구하기 위해서 역사를 편집하고, 심지어 조작하기도 한다. 역사가는 과연 이런 당파성으로부터 자유로울 수 있을까?

역사가 본질적으로 창작되는 것이고, 사회와 시대의 요구에 따라서 변하는 것이기는 하지만, 역사가 하나의 학문으로 인정받으려면 어느 정도의 객관성을 확보해야 한다. 랑케(Leopold von Ranke, 1795~1886)[1] 이래 몇몇 역사가들은 이 객관성을 강조했고, 역사를 과학의 수준에 올려놓으려고 했다. 이들의 노력은 과연 얼마나 타당한 것일까?

1~6장을 읽고 나면 역사는 천 개의 얼굴을 가지고 있고, 때로는 천사이지만 때로는 마녀라는 것을 알게 될 것이다. 너무나 자주 모습을 바꾸기 때문에 카멜레온과 같은 역사를 우리는 계속 배워야 할 것인가? 역사를 배운다면 무언가 조그마한 것이라도 도움을 얻을 수 있을 것인가?

이와 같은 질문들에 올바르게 답할 수 있다면, 우리는 그것

---

[1] '근대 역사학의 아버지'로 불리는 독일의 역사학자로 과학적 방법으로 역사를 연구해야 한다고 주장했다.

들을 종합하여 '역사란 무엇인가'라는 질문에 대한 답을 제시할 수 있을 것이다. 그러나 우리는 답이 하나일 것이라고 가정하는 태도를 경계해야 한다. 인간사의 모든 문제에서 답은 결코 하나일 수 없다. 그렇지만 답이 여러 개 있다고 해서 혼란스러워할 필요는 없다. 일단 답이 여러 개 존재한다는 것을 인정하고, 각각의 근거가 무엇이며 장점과 단점은 무엇인지를 파악한다면 나름대로 역사란 무엇인가라는 질문에 답을 내릴 수 있을 것이기 때문이다. 이제 '역사란 무엇인가'란 질문에 대해 나름대로 답하기 위한 작업을 시작해 보자.

1

역사는 어떤 의미이며 사료란 무엇일까?

- '역사'의 의미는 무엇일까?
- 사료에는 어떤 것들이 있을까?
- 사료는 항상 객관적인 사실을 담고 있을까?
- 사료가 위조될 수도 있을까?
- 사료가 왜곡될 수 있을까?
- 사료 비판이란 무엇일까?

역사가는 늘 사료를 찾아 헤맨다. 사료 없이는 아무 말도 못하기 때문이다.
— **액턴**(Acton, 1834~1902)

문서는 거짓말쟁이이고 모든 서술은 편견이다.
— **토머스 에드워드 로렌스**(Thomas Eduard Lawrence, 1888~1935)

'역사'의 의미는 무엇일까?

영어로 역사를 '히스토리(history)'라고 하는데 이 단어는 그리스 어 '히스토리아(historia)'에서 유래했다. 그리스 어로 히스토리아는 '조사하여 알아낸 것' 혹은 '탐구하여 알아낸 것'을 뜻한다. '역사의 아버지'라고 불리는 그리스의 역사가 헤로도토스(Herodotos, ?B.C.484~?B.C.430)는 페르시아 전쟁에 대한 책을 썼는데, 그 책 이름을 『히스토리아』라고 했다. 자신이 페르시아 전쟁에 관해서 조사한 것을 기록한다는 의미에서였다. 이후 과거에 일어난 일을 조사하여 기록한 책들은 '히스토리아'라고 불렸다.

16세기에 이르러 '히스토리아'라는 단어는 '탐구하여 알아낸 것'이라는 의미 외에 '과거에 일어난 일'이라는 의미를 갖게 되었다. 그래서 오늘날 역사라는 단어는 이 두 가지 의미를 동시에 지닌다. 즉 어떤 때에는 '과거에 일어난 일'이라는 의미로 쓰이고, 다른 어떤 때에는 '과거를 탐구하여 기록한 것'이라는 의미로도 쓰인다.

역사라는 단어의 변천은 동양에서도 비슷한 과정을 겪었다. 한문으로 역사를 '歷史'라고 쓰는데, 중국 고대와 중세에 역사라는 말은 사용되지 않았고 다만 '사(史)'라는 단어가 널리 쓰였다. 한문으로 사(史) 자는 활을 쏘는 사람 옆에서 적중한 수를 계산하여 기록하는 사람을 가리키는 데서 유래하였다. 한편 사(史) 자가 손[手]으로 가운데[中]를 잡는다는 데서 유래했다는 주장도 있다. 이 주장에 따르면 사(史)는 '바르게 기록하는 사람'을 가리킨다. 바르게 기록하기 위해서는 조사하는 것이 필수적이다. 이렇듯 고대 중국에서도 무엇을 조사하여 기록하는 작업을 '사(史)'라고 했다. 사(史) 자 앞에 역(歷) 자를 붙여서 '역사(歷史)'라는 단어를 사용하게 된 것은 명나라 말기부터이다. 이후 역사는 과거의 일을 기록하는 작업이라는 의미뿐만 아니라 '과거에 일어난 일' 자체를 가리키는 말로도 사용되었다.

사료에는 어떤 것들이 있을까?

역사가는 과거에 일어난 일을 조사하여 기록하는 사람인데, 역사가가 과거를 조사할 때 자료로 삼는 것이 '**사료**'이다. 사료는 사실이나 사건에 대한 정보나 증거를 제공해 주는 모든 것이다. 영어로 사료는 '소스(source)'라고 하는데, 소스는 '샘물, 강이나 물줄기의 기원'이라는 의미를 갖고 있다. 따라서 발원지에서 기원한 물이 거대한 강과 바다를 이루듯이 역사는 사료를 발원지로 삼아서 역사책이라는 강을 이루어 내는 작업이라고 할 수 있다. 따라서 사료가 없다면 역사도 없을 것이다.

사료는 형태에 따라서 문자 사료와 비문자 사료가 있으며, 성격에 따라서 1차 사료와 2차 사료가 있다. **문자 사료**는 종이, 양피지, 파피루스 등에 씌어졌거나 돌, 갑골, 청동 등에 새겨진 글들을 말한다. **비문자 사료**는 유물과 유적을 말한다. 그림이나 인간의 유해도 비문자 사료에 포함된다.

1차 사료는 문헌의 기록자가 직접 목격하거나 체험한 것을 기록해 놓은 것과 해당 시대가 남긴 유물이나 그림이다. **2차 사료**는 기록자가 이미 과거로부터 전승되고 있는 기록들, 구전들, 그에 대한 연구들을 근거로 하여 편집해 놓은 것이다.

이렇듯 여러 가지 형태와 종류의 사료가 있지만 문헌 사료가 가장 중요한 자료로 이용된다. 오늘날 학문이 전문화되면서 비문자 사료를 이용하는 학문은 역사학의 자매 학문으로 분과하였다. 유물을 전문적으로 다루는 고고학, 그림 자료를 주로 다루는 고미술사학, 고문서를 집중적으로 다루는 고문서학 등이 이에 해당한다.

그렇다고 역사학이 비문자 사료를 완전히 버린 것은 아니며, 근래에는 비문자 사료의 비중이 커지고 있다. 이는 현대 역사학이 문자 사료로 파악하기 힘든 분야, 즉 인민들의 생활과 문화에 깊은 관심을 가지고 있기 때문이다. 가령 중세인들의 식생활을 연구하는 학자에게는 어떤 문헌 사료보다도 화장실터가 귀중한 사료가 된다. 인간의 대변 속에 포함되어 있는 꽃가루 분석을 통해서 중세인들이 어떤 음식을 먹었는지 정확하게 알 수 있기 때문이다.

사료는 항상 객관적인 사실을 담고 있을까?

일반적으로 1차 사료가 2차 사료보다 신빙성이 높은 것으로 평가된다. 기록자가 다른 기록을 통해서 확인한 것이 아니라 직접 보았거나 체험했던 것이기 때문이다. 그러나 1차 사료의 신빙성에 대해서는 깊이 생각해 보아야 할 세 가지 문제가 있다.

먼저 기록자가 자신의 입장에서, 그리고 자신에게 유리하게 사실이나 사건을 편향적으로 묘사할 수 있다. 로마 제국 시기에 디오클레티아누스(Gaius Aurelius Valerius Diocletianus, ?245~312)라는 황제가 있었다.

디오클레티아누스는 군인 황제 시대[2]의 위기를 극복하고 로마 제국의 중흥을 가져온 위대한 황제였다. 그런데 그는 로마를 중흥시키기 위한 방책의 일환으로 전통 로마 종교를 수호하려고 했고, 이 때문에 303년부터 기독교를 혹독하게 박해했다. 그에 대한 서로 다른 두 사람의 평가를 살펴보자.

자료 1

디오클레티아누스는 범죄를 발명한 자요, 사악의 전문 기술

---

[2] 로마사에서 234년부터 284년까지를 군인 황제 시대라고 한다. 이 시기에 내우외환이 심해지면서 로마는 존망의 위기에 처해 있었다. 북쪽에서는 게르만 족이, 동쪽에서는 페르시아가 쳐들어왔다. 페르시아의 침입을 막던 로마 황제가 전사하기도 했다. 이렇게 사방에서 외적이 쳐들어오는 상황에서 군인들은 자신의 이익을 위해서 마음대로 황제를 바꾸었다. 그 결과 50년 동안 스물여섯 명의 황제가 옹립되었다.

자였다. 모든 것을 파멸시켰을 때 그는 신에게도 손을 대지 않을 수 없었다. 그는 탐욕과 비겁함으로 세상을 뒤집어 놓았다. 자기 제국을 네 부분으로 분할했고 군대를 몇 배로 늘렸다. 그래서 각 협력자들은 전에 황제들이 혼자서 국가를 통치할 때 거느린 병력보다 훨씬 더 많은 병력을 가지려고 하였다.

— 락탄티우스

자료 2

인류에게 그때까지 알려지지 않았던 상태가 도입되었다. 다른 어떤 것보다도 공공의 안녕을 걱정하는, 굳은 단결과 공동의 권력 행사로 특징 지워지는, 상호 이해에 기반한 여러 명의 통치자의 공동체가 도입되었다.

—오로시우스

자료 1을 쓴 락탄티우스(Lucius Caecilius Fimianus Lactantius, 240~320)는 디오클레티아누스의 박해를 직접 견뎠던 신학자였다. 그가 수많은 동료 신자들을 죽인 디오클레티아누스를 혐오했던 것은 자연스러운 일이다. 분노에 사로잡혔던 그는 디오클레티아누스의 모든 정책을 부정적으로 평가했으며, 디오클레티아누스가 기독교를 박해했기 때문에 불행한 최후를 맞았다고 썼다.

  자료 2에서 '여러 명의 통치자의 공동체'는 디오클레티아누스 황제가 수립한 사분 체제를 말한다. 그는 제국을 네 개로 나누어 공동 통치하는 체제를 고안하였다. 자료 2를 쓴 오로시우스(Orosius, ?380~420) 역시 기독교 신자였다. 그런데 오로시우스는 기독교 신자임에도 불구하고 디오클레티아누스를 매우 긍정적으로 평가하였다. 그가 이런 평가를 내린 것은 박해의 직접적인 피해자가 아니었으므로 디오클레티아누스에 대해서 좀 더 객관적으로 볼 수 있었기 때문이다.

  이렇게 두 역사가는 디오클레티아누스에 대해서 대조적인 평가를 후세에 전하고 있다. 우리는 락탄티우스의 말을 믿어야 할까 아니면 오로시우스의 말을 믿어야 할까. 락탄티우스가 디오클레티아누스 치하에서 직접 살았기 때문에 그의 자료는 1차 사료이다. 그러나 그가 디오클레티아누스에 대해서 개인적인 감정을 가지고 있었다는 것을 생각해 보면 그의 주장을 그대로 받아들일 수는 없다. 오로시우스가 쓴 글은 그가 직접 보거나 체험한 것이 아니므로 2차 사료에 해당한다. 따라서 시대적으로는 락탄티우스의 글보다 사료로서의 가치가 떨어진다. 그러나 그는 디오클레티아누스에 대해서 직접 들었을 가능성이 있으며, 적어도 디오클레티아누스 시대에 씌어진 자료들을 많이 볼 수 있었을 것이다. 따라서 오로시우스의 글은 2차 사료이기는 하지만 1차 사료라고 해도 손색이 없다. 더욱이 그는 박해의 직접적인 피해자가 아니었으므로 디오클레티아누스에 대해서 좀 더 객관적으로 볼 수 있었을 것이다. 따라서 우리는 락탄티우스보다는 오로시우스를 좀 더 신빙할 수 있을 것이다. 이 두 자료는 사료를 기록하는 사람이 개인적인 편견에 근거해서 사실을 편향적으로 기록할 수 있다는 것을 명확히 보여 준다.

사료가 위조될 수도 있을까?

두 번째로 단순히 사실을 편향적으로 기록하는 것이 아니라 없는 사실을 만들어 낼 수도 있다. 문서나 유물을 위조해서 1차 사료처럼 보이게 할 수 있기 때문이다. 문서 위조의 유명한 사례는 '파스칼 문서 위조 사건'이다. 브랭 루카스(Vrain Lucas, 1818~?)라는 프랑스 인이 있었다. 원래 법조 분야에서 일하던 그는 1854년부터 문서를 위조하기 시작하여 16년 동안 무려 27,000종에 이르는 사인, 편지, 문서들을 위조하였다. 루카스는 클레오파트라가 카이사르에게 보낸 편지, 알렉

산드로스가 아리스토텔레스에게 보낸 편지, 라자로가 성 베드로에게 보낸 편지 등을 위조해서 막대한 부를 축적하였다.

이 위조 전문범은 프랑스 인의 자부심을 높이기 위해 '큰일'을 저지르기로 결심하였다. 근대 초 프랑스는 인구나 국력, 문화 등 모든 면에서 영국을 앞섰지만, 과학에서는 영국에 뒤졌다. 영국에는 인류 최고의 과학자인 뉴턴(Issac Newton, 1642~1727)이 있었기 때문이다. 뉴턴은 1687년 『자연 철학의 수학적 원리』를 썼고, 이 책에서 만유인력의 법칙을 확립하여 근대 과학을 탄생시켰다. 루카스가 목표로 삼은 것은 바로 이 만유인력의 법칙이었다. 영국인보다 프랑스 인이 먼저 만유인력의 법칙을 발견했다면 큰 반향을 일으킬 것이 분명했기 때문이다.

사실 프랑스 인들은 뉴턴 때문에 자존심에 상처를 입었다. 프랑스가 자랑하는 철학자이자 과학자인 데카르트(Rene Descartes, 1596~1650)도 태양과 행성이 왜 궤도를 유지하는지 고민했는데, 그는 행성들이 기계적으로 연결되어 있기 때문에 궤도를 유지한다고 주장하였다. 즉 만유인력이라는 보이지 않는 힘이 아니라 어떤 소용돌이 같은 것이 있어서 두 행성을 묶어 주고 있다고 주장했다. 데카르트는 당대에는 최고의 과학자로 인정받았지만, 뉴턴이 이 데카르트의 이론을 허구로 만들어 버린 것이다.

이렇게 상처 난 프랑스의 자존심을 회복하기 위해서 루카스는 보일, 뉴턴, 파스칼의 편지를 위조하여 파스칼이 뉴턴보다 먼저 만유인력의 법칙을 발견했다는 사실을 날조해 냈다. 그리고 1861년 저명한 수학자이자 문서 수집가였던 미셸 샤슬르(Michel Chasles, 1793~1880)에게 접근하였다. 그가 위조한 문서들을 보여 주자, 샤슬르는 기꺼이 그 문서들을 구입했다. 그런데 문제는 샤슬르가 위조된 문서를 구입하는 데 그치지 않고, 학계에 정식으로 만유인력 법칙을 파스칼이 먼저 발견했다고 발표한 것이다. 샤슬르는 1867년 프랑스 아카데미에서 파스칼이 뉴턴보다 만유인력의 법칙을 먼저 발견했다는 증거를 갖고 있다고 발표하였다. 당연히 큰 소동이 일어났고, 프랑스 아카데미는 증거를 제출하라고 요구하였다.

샤슬르가 제시한 문서를 검토한 아카데미는 제출된 편지의 필체가 다른 파스칼의 편지의 필체와 너무나 다르고, 파스칼 시대에는 밝혀지지 않았던 천문학적 지식이 담겨 있다는 것을 알아냈다. 그러나 샤슬르는 자신의 주장을 굽히지 않았고, 오히려 루카스와 공모하여 이전 편지의 **시대 착오**[3]를 보완하

---

[3] 시간적 관계를 무시하거나 오해하는 것으로 한 시대의 개념이나 인물을 다른

기 위해서 갈릴레이가 파스칼에게 보낸 편지를 위조해 냈다. 이 편지에 따르면 문제가 되었던 천문학적 현상을 갈릴레이가 관찰했으며, 갈릴레이는 비밀리에 관찰 내용을 파스칼에게 보냈다. 이렇게 해서 이전 편지에서 범했던 시대 착오가 교정되는 듯했다. 그런데 새로 위조한 편지가 또 다시 문제가 되었다. 이 편지는 1641년에 쓴 것으로 되어 있었는데, 거기에 갈릴레이가 눈이 매우 피곤해서 글을 쓰기 힘들다는 구절이 있었다. 그런데 갈릴레이는 1637년부터 완전한 맹인이었다. 결국 루카스가 계속해서 편지를 위조했다는 사실이 밝혀졌고, 문서 위조로 고발당한 루카스는 1870년에 2년형을 선고받았다.

샤슬르는 처음부터 루카스가 편지를 조작했다는 것을 알고 있었을까? 열렬한 애국자였던 샤슬르는 처음에는 조작 사실을 몰랐을 수도 있다. 조작된 것이라고 생각했다면 아카데미에 문제를 제기하지 않았을 것이기 때문이다. 루카스의 사례는 1차 사료라고 생각할 수 있는 자료가 사실은 의미 없는 모조품에 지나지 않을 수도 있다는 것을 보여 준다.

시대에 적용하는 것이다. 가령 뉴턴이 비틀즈의 음악을 들었다는 진술은 시대 착오이다.

우리는 루카스의 사례가 특이하고 예외적인 사건이라고 생각해서는 안 된다. 근대 학문이 탄생하기 이전에 문서의 위조나 변조, 혹은 타인의 이름으로 저작을 내는 일은 광범위하게 행해졌다. 중세 유럽에서 문서 위조가 얼마나 많이 행해졌던지, 11세기 한 수도사는 "잉크만 있으면 누구든지 또 무엇이든지 쓸 수 있다."고 주장했을 정도이다. 당시에는 왕이나 심지어 교황의 편지와 옥쇄를 위조하여 정치적으로 이용하는 일이 빈번했다.

중세의 위조 문서 가운데 가장 유명한 것은 아마도 '사제 왕 요한의 친서'와 '콘스탄티누스(Constantinus, 272~337)[4] 기진장'일 것이다.

사제 왕 요한은 중세 유럽 인들에게는 매우 친숙한 인물이었다. 이슬람의 압박에 시달리던 유럽 인들은 페르시아와 아르메니아 너머 동쪽에 요한이라는 이름을 가진 사제 왕이 있다고 믿었다. 유럽 인들은 오래전부터 동방에 기독교인들이 있을 것이라고 믿었는데, 예수의 십이 제자 가운데 한 명이었던 토마스(토마)가 인도에 복음을 전했다는 전설이 있었기 때

---

[4] 로마 제국의 황제로서 313년 밀라노 칙령으로 기독교를 공인했다. 임종 직전에 세례를 받음으로써 최초의 기독교 신자 황제가 되었다.

문이다. 그런데 이 전설적인 사제 왕이 12세기에 비잔티움 제국의 황제인 마누엘 콤네노스(Manuel Komnenos, 1118~1180)에게 친서를 보냈다. 당시 유럽 인들은 성지 예루살렘에서 이슬람을 몰아내기 위해 십자군을 두 번 일으켰으나 이슬람군에 패하여 낙담하고 있었다. 사제 왕 요한의 편지에는 낙담에 처한 유럽 인들을 위로하고 비잔티움 황제에게 유럽 인과 협력하라는 메시지가 담겨 있었다. 요한의 편지는 유럽 곳곳에 유포되었고, 현재 팔십 종에 가까운 사본들이 존재한다. 유럽 인들은 이 편지를 읽고 동방에 우군이 있다는 환상에 사로잡혔다. 그러나 이 편지를 쓴 사람이 누구인지 밝혀지지 않았으며, 사제 왕 요한은 역사상 실재하지도 않았다.

'콘스탄티누스 황제의 기진장'은 위조에 성공하여 역사적으로 큰 영향을 끼친 문서이다. 콘스탄티누스는 로마 제국의 황제로 313년 기독교를 공인했으며, 332년에는 로마 제국의 수도를 로마에서 콘스탄티노플로 옮긴 것으로 유명하다. '콘스탄티누스의 기진장'이란 콘스탄티누스가 수도를 옮기면서 당시 교황이었던 실베스테르 1세(Sylvester, 314~355)에게 서로마 지역을 양도한다는 내용을 담은 문서이다. 이 문서는 15세기까지 진본으로 인정되었고, 중세 교회는 이 문서를 근거로 해서 교황이 서로마 지역의 합법적인 상속자라고 주장하였다. 이 문서는 거의 700년 동안 교황이 로마의 지배자라는 것을 뒷받침하는 근거로 이용되었다.

그러나 15세기에 이탈리아의 로렌초 발라(Lorenzo Valla, 1407~1457)가 이 문서는 8세기 이후 교황청에서 만들어 낸 가짜 문서라는 것을 밝혀냄으로써 문서의 생명은 끝났다. 발라는 1440년 발표한 「콘스탄티누스 대제의 기진장의 허위성에 관하여」라는 논문에서 기진장이 4세기 초의 라틴 어가 아니라 8세기의 라틴 어로 씌었다는 것을 밝혔다. 그리고 문서에는 프랑크 족이 이탈리아 반도의 롬바르드 족을 무너뜨리고 교회 국가를 건설했다고 씌어져 있는데, 이는 역사적인 시대 착오라고 주장했다. 프랑크 족이 롬바르드 족을 격파한 것은 8세기의 일이었기 때문이다.

근래에도 유명한 문서 위조 사건이 있었다. 1983년 독일의 시사지 《스테른(Stern)》이 '히틀러의 일기'를 발췌해 연재하였다. 잡지사는 이 기사를 발표하기 위해서 거액의 돈을 지불했다. 잡지사는 그 글이 히틀러의 것이 틀림없다고 믿었는데, 1983년 4월 25일에 전문가들이 모여서 진품이라고 확인했기 때문이다. 특히 이 전문가들 중에는 옥스퍼드 대학 근대사 왕립 강좌 교수이자 영국의 최고 역사가로 평가받던 트레버 로퍼(Hugh Trevor-Roper, 1914~2003)가 포함되어 있었다. 트레

버 로퍼는 나치 독일에 대한 연구에서 세계 최고라는 평판을 얻고 있었다. 그러나 얼마 되지 않아서 일기의 종이를 감정해 본 결과 히틀러 시대에 쓰이던 것이 아니라 1950년대의 것으로 밝혀졌다. 조사 결과 위작자는 콘라트 쿠야우(Konrad Paul Kujau, 1938~2000)임이 밝혀졌는데 그는 히틀러 작품을 위조하는 데 명성이 높은 사람이었다. 유명 역사가들이 그의 사기에 놀아난 것이다.

사료가 왜곡될 수도 있을까?

모든 1차 사료가 루카스의 편지처럼 조작되는 것은 아니다. 모든 문서가 조작되었다면 역사책을 쓸 수도 없을 것이다. 그러나 기록자가 편향적으로 기록할 의도가 전혀 없었고, 문서가 조작되지 않았다고 해도 또 다른 문제, 즉 기억의 정확성이라는 세 번째 문제가 있다.

기록자는 자신의 기억을 재구성하여 사건이나 사실을 기록한다. 그런데 과연 인간이 스스로 경험한 것이라고 해서 정확하게 기억할 수 있을까? 인간이 과거를 선택적으로 기억한다는 것은 잘 알려진 사실이다. 사람은 과거의 일을 회상할 때

나쁜 기억은 빨리 지워 버리고 좋은 기억만을 남기려는 특징을 갖고 있다. 이를 **므두셀라**[5] **증후군**이라고 한다. 모든 인간이 이 증후군을 앓기 때문에 일반적으로 과거의 일들은 긍정적으로 평가되는 경향이 있다.

그런데 인간은 과거를 선택적으로 기억하는 데 그치지 않고 왜곡하려는 욕구를 가지고 있다. 즉 과거사를 있는 그대로 기억하는 것이 아니라 자신에게 유리한 방식으로 해석하여 기억할 뿐만 아니라 때때로 완전한 조작을 통해서 과거를 만들어 낸다.

인간이 과거사를 자신에게 유리한 방식으로 해석하여 기억한다는 것을 보여 주는 좋은 예[6]가 있다. 1960년대 미국 아메리칸 리그에서 잘 나가는 타자가 있었다. 그는 보스턴 레드삭스의 새로운 유망주 토니였는데, 스물두 살에 통산 100개의 홈런 기록을 달성해 신기록을 세웠다. 그러나 그는 1967년 8월 18일 잭 해밀턴이라는 투수가 던진 빈 볼에 맞아서 광대

---

5) 구약 성경에 나오는 인물로 구약 시대의 인물 가운데 가장 오래 살았는데, 무려 969세까지 살았다고 한다.

6) Daniel Reisberg and Friderike Heuer, "Remembering the Details of Emotional Memories", Eugene Winograd(ed)., *Affect and Accuracy in Recall: Studies of 'Flashbulb' Memories*, (Cambridge University Press, 2006).

뼈가 부러지고 턱이 탈골되고, 시력이 손상되는 큰 부상을 당했고 이 때문에 선수 생활을 마감해야 했다. 그 후 그는 불우한 생활을 하다가 1990년 죽었다.

그가 죽은 후 《뉴욕 타임스》의 데이비드 앤더슨이라는 기자가 잭 해밀턴을 인터뷰했다. 잭 해밀턴은 자신이 던진 빈볼이 유망한 선수의 장래를 망쳐 버렸기 때문에 대단히 유감스러운 일이지만 자신이 절대로 고의로 그랬던 것은 아니며 고의로 그럴 상황도 아니었다고 항변했다. 그는 자신이 그날 오후 늦게 병원으로 그를 찾아갔다고 하면서 경기는 낮에 진행되었으며, 토니가 문제의 타석에 들어섰을 때는 6회였고 스코어가 2대 1이었기 때문에 자신이 그를 고의로 맞출 필요가 전혀 없었다고 말했다.

그러나 실제 경기는 야간에 진행되었으며 토니가 문제의 타석에 들어섰을 때는 4회였고 스코어는 0대 0이었다. 경기는 팽팽하게 진행되고 있었고 홈런 타자 토니가 들어서자 잭 해밀턴이 그를 맞힌 것이다. 실제로 해밀턴이 고의로 토니를 맞혔는지 알 수 없지만 누구나 해밀턴이 고의로 그랬다고 의심할 수 있는 상황이었다. 해밀턴 자신도 그런 의심을 받고 있다는 것을 잘 알고 있었으며, 그런 의심에 대해 자기를 방어하기 위해서 자신이 토니를 맞힐 필요가 없는 상황이라고 말했다. 그런데 해밀턴은 토니를 맞힐 필요가 없는 상황이라고 말하면서 스코어와 이닝 수를 왜곡해서 말했다. 여기서 중요한 것은 해밀턴이 실제 이닝 수와 스코어를 알고 있으면서도 의도적으로 거짓말을 한 것이 아니라 본인은 철저하게 자신이 말하고 있는 것이 진짜라고 믿고 있었다는 것이다. 해밀턴은 자신의 빈 볼에 대해 죄책감을 느끼고 있었을 것이고 세월이 흐르면서 고의가 아니라 어쩔 수 없는 사고라고 생각하고 싶었던 욕구가 그의 기억을 엉터리로 재구성했을 것이다.

  해밀턴의 경우처럼 인간은 과거의 일을 때때로 왜곡해서 기억한다. 1986년 11월 22일 미국의 우주 왕복선 챌린저호가 폭발하는 큰 사고가 있었다. 사고가 일어난 직후 에머리 대학의 한 심리학자가 106명의 학생들로 하여금 챌린저호 폭발 사고를 어떻게 처음 알게 되었는지를 기록하게 했다. 그리고 3년 후에 그 연구자는 대학에 그때까지 남아 있던 사십 명의 학생을 상대로 챌린저호 폭발 사고가 일어났을 때 무엇을 하고 있었느냐고 다시 물었다. 그런데 불과 3년 전에 일어났던 큰 사건이었음에도 불구하고 그 사건을 어떻게 처음 알게 됐는지를 정확하게 기억하는 학생은 드물었다. 상당수의 학생이 그 사건을 처음 들은 시간과 장소를 제대로 제시하지 못했으며 1986년과는 전혀 다른 답을 했다. 가령 한 학생은 1986

년에는 종교학 수업을 받은 교실에서 폭발 사고를 들었다고 했지만, 1989년에는 기숙사에서 룸메이트와 텔레비전 뉴스 속보를 보고 알았으며, 너무나 당황하여 어쩔 줄 모르다가 친구들과 부모님에게 전화를 했다고 말했다.

이렇게 사람들은 곧잘 과거를 왜곡해서 기억하거나 잘못 기억한다. 그런데 때때로 인간은 자신이 전혀 경험하지 않은 것을 경험한 것처럼 기억하거나 전혀 사실이 아닌 것을 사실로 기억하기도 하고, 영화에서 보거나 소설에서 읽은 것을 자신이 직접 경험한 것으로 믿기도 한다.

지금까지 1차 사료에 세 가지 문제가 있을 수 있다는 것을 살펴보았다. 그런데 여기에 하나 더 첨가해야 할 것이 있다. 우리는 언어로 표현된 사실과 언어로 표현되기 이전의 사실이 같다고 쉽게 생각하곤 한다. 그러나 양자는 절대로 같을 수가 없다. 먼저 언어가 사물을 있는 그대로 묘사한다는 생각을 버려야 한다. 가령 '개'라는 단어는 단순히 '육식성에 네 발 달린 잘 짖는 짐승'을 의미하지 않는다. 오히려 '개'라는 단어의 의미에는 고양이와의 상관관계, 또는 주인과의 상관관계가 담겨 있다. 즉 '개'라는 단어는 그 자체로 설정된 것이 아니라 다른 사물들과의 관계 속에서 설정된 것이다. 더욱이 '개'

라는 단어를 발음할 때 사람들은 각각 다른 의미를 가지고 이야기한다. 즉 그것은 식용 개일 수도 있고, 애완견일 수도 있으며, 고양이와 적대하는 개일 수도 있고 혹은 쌍스러운 욕의 대상일 수도 있다.

　언어는 수많은 비유로 이루어져 있으며 필연적으로 가치 판단을 담고 있다. 또한 언어로 표현되기 이전의 사실이 하나의 장면(scene)이라면 인간은 장면의 한곳만을 응시할 수 있다. 그리고 그렇게 응시해서 뇌에 들어온 정보를 언어라는 비유를 통해서 저장한다. 가령 어떤 노인이 넘어지는 장면을 보았다면, 우리는 단순히 그 노인이 넘어졌다는 사실만을 기억하는 것이 아니라 '넘어져서 매우 아팠을 것이다.' 혹은 '도와주는 사람이 없으니 불쌍하다.'라는 판단을 저장한다. 그리고 사회적 규범에 따라서 적절한 언어를 구사하여 그 장면을 다시 밖으로 드러낸다. 이렇게 드러난 것이 언어로 표현된 사실이다. 따라서 언어로 표현되기 이전의 사실과 언어로 표현된 사실은 엄연히 다른 것이다. 따라서 언어로 표현된 사료가 과거의 사실을 있는 그대로 반영할 수는 없다.

　결국 어떤 자료도 역사적인 사실이나 사건을 있는 그대로 묘사할 수는 없으며, 어느 정도 편향성이나 왜곡을 담고 있을 수밖에 없다. 따라서 역사가는 철저한 사료 비판을 통해 사료의 가치를 평가해 내야 한다.

사료 비판이란 무엇일까?

외적 비판

우리는 이미 1장에서 루카스의 위조문서나 콘스탄티누스의 기진장이 어떻게 비판되었는가를 살펴보았다. 두 문서의 허위를 밝혀내는 데 있어서 사료 비판은 두 가지 차원에서 이루어졌다. 하나는 외적 비판이고 다른 하나는 내적 비판이다.

외적 비판은 사료가 가지고 있는 외형적 성격, 즉 종이의 질, 잉크의 종류, 필체, 당시의 언어 사용법, 문서의 작성 양식 등을 검토함으로써 사료가 정말 그 시대에 기록되었는가를 밝히는 일이다. 루카스가 구사한 필체가 파스칼이 구사한 필체와 다르다거나, 콘스탄티누스 기진장에 사용된 언어가 4세기 언어가 아니라 8세기 언어라는 것이 이에 해당된다. 여기에는 언어학, 고문서학, 금석학, 고전학(古錢學),[7] 서체학, 인장학 등의 보조 학문 지식과 전자 현미경, 방사성 탄소 연

---

[7] 옛날 화폐나 기념 메달들을 조사하여 그 기능적·예술적 가치를 연구하는 학문.

대 측정법 등과 같은 과학 기술이 동원된다.

  흥미로운 사료 비판의 사례를 하나 살펴보자. 2002년 프랑스의 저명한 고고학자 르메르(André Lemaire)는 이스라엘의 골동품 수집가로부터 흥미로운 유골함을 소개받았다. 기원전 20년부터 기원후 70년경까지 유대 인들은 사람이 죽으면 동굴에 안치했다가, 살이 다 썩으면 유골을 유골함에 담아서 보관했다. 그동안 이런 유골함은 수없이 많이 발견되었기 때문에 새로운 유골함의 발견은 대단한 것이 아니었다. 그런데 그 유골함에 '야보고, 요셉의 아들, 예수의 형제(Yaákov bar Yosef akhui diYeshua)'라는 명문이 각인되어 있었다. 이 유골함과 각인이 진품이라면 이 유골함의 발견은 세계를 뒤집어 놓을 수 있을 만큼 중요한 사건이 된다. 그동안 예수가 역사적으로 실존했다는 것을 입증해 주는 자료가 하나도 없었기 때문이다. 그러나 앞에서 소개했듯이 역사상 수많은 자료가 왜곡되어 왔는데 이 유골함과 그 명문이 진품이라는 것을 어떻게 입증할 수 있을까?

  《성서 고고학 비평(Biblical Archaeology Review)》의 편집자였던 생크스(Shanks)가 진품 확인 작업을 맡았다. 르메르가 유골함과 명문이 진품이라고 확신하고 그 학술지에 투고했기 때문이다. 그는 먼저 명문들의 사진을 고대 근동[8]) 지역의 비문 연구 전문가들에게 보였다. 비문 연구자들은 유골함을 직접 보고 스케치를 한 후에 사진과 꼼꼼히 대조하고, 필체와 어법을 살피면서 유골함과 명문이 진품이라고 결론 내렸다. 그 후 생크스는 사진을 다시 고대 근동어(여기서는 아람 어) 전문가에게 제시했다. 아람 어 전문가 피츠마이어(Joseph Fitzmyer)는 보자마자 위작인 것 같다고 말했다. 그는 명문에 사용된 단어 '형제(akhui)'가 1세기에는 사용되지 않았다고 주장했다. 그러나 그는 자신의 주장을 뒷받침하기 위해서 추가 조사를 했고 이 단어가 1세기에 사용된 사례를 발견했다.

이렇게 비문학자, 언어학자의 검사를 통과한 이 유골함은 지질학자의 손에 넘어갔다. 지질학자들은 유골함의 재료인 석재, 유골함에 붙어 있는 먼지, 유골함 표면에 형성된 녹청을 과학적으로 분석했다. 먼저 유골함의 석재가 1세기 이스라엘 어디에서 채취되어 다른 유골함에 사용되었는지를 조사했다. 그리고 석재의 화학적 구성과 녹청의 화학적 구성을 조사한 다음 양자가 서로 일치하는지 조사했다. 이때 각 화학물의 전자 분포를 이용하여 원소를 확인하는 전자 현미경이 사

---

8) 서유럽에 가까운 동양의 서쪽 지역으로 터키, 이란, 이라크, 이스라엘 등이 속한다.

용된다. 그리고 마지막으로 각인된 글자의 내면에서 발견되는 녹청과 유골함 표면의 녹청을 비교한다. 글자가 현대에 새겨졌다면 글자 내면의 녹청이 다르기 때문이다. 이렇게 해서 과학적으로 유골함이 고대 이스라엘에서 만들어졌고, 명문 각인 작업이 유골함이 만들어졌을 때 이루어졌는지가 확인된다. 감정에 참가한 과학자들은 진품 판정을 내렸다. 이렇게 해서 1세기에 예수라는 사람이 살았고 그의 아버지는 요셉이었으며, 그의 형제는 야보고였다는 것이 과학적으로 입증되었다.[9]

그러나 현대의 과학 기술이 아무리 발달했다고 해도 사료의 외적 비판에는 아직도 많은 한계가 있다. 도자기 유물의 위조가 지금도 성행하고 있다는 것이 이를 보여 준다. 중국인들은 일찍부터 고유물(古遺物)을 좋아했다. 일찍이 4~6세기 남북조 시대에 강남 지역에 살던 많은 지방 귀족들은 개인적으로 고유물 수집소를 가지고 있었다. 시간이 흐르면서 고유물에 대한 중국인들의 애착은 날로 깊어 갔다. 이 때문에 예술품이나 생활 용품을 만드는 장인들은 자신들이 만드는 것

---

[9] 그러나 야보고 유골함의 진위가 완전히 해결된 것은 아니다. 여전히 많은 학자들이 유골함에 대한 검증이 부족하거나 잘못되었다고 주장하면서 유골함 위조를 의심하고 있다.

이 몇 백 년된 것처럼 보이기 위해서 노력했다. 화가들은 그림을 그릴 때 옛 그림의 배경을 그대로 이용하고 도자기 밑바닥에 날짜를 표시할 때는 의도적으로 몇 백 년 이전의 연대를 써 넣었다. 명 왕조(1368~1644) 초기의 연대가 표시된 대부분의 도자기가 실제로는 청나라 강희제(康熙帝, 1654~1722) 때 만들어진 것이었다.

지금도 이런 위조가 계속되고 있다. 도자기의 위조에서 가장 중요한 것은 옛날 흙을 구하는 것이다. 도자기에 사용된 흙은 여러 가지 혼합물로 구성되어 있고, 각 지방마다 혼합 구성비가 다르다. 이 혼합 구성비가 조금만 달라도 도자기의 색깔이 달라진다. 그래서 현대의 흙으로 옛날 도자기를 복원하는 일은 거의 불가능하다. 그러나 오래된 무덤 내부는 옛날 흙으로 되어 있고, 그 흙을 이용하면 옛날 도자기를 만들 수 있다. 현대 중국의 위조범들은 중국 전역의 유적 발굴터에서 구한 오래된 진흙을 이용하여 2,000년도 더 된 도기를 위조하고 있다. 전문가들도 육안으로 위조품을 구별하지 못할 뿐만 아니라, 과학적인 검증 방법도 아직 확립되지 않았다고 한다. 이렇게 위조된 도자기들이 세계적인 경매 회사를 통해서 고가에 팔리고 있다.

내적 비판

사료의 **내적 비판**은 사료에 사용된 단어의 의미, 내용의 전후 상통 여부, 내용과 역사적 사실의 일치 여부 등을 조사하여 사료 내용의 타당성 여부를 밝혀내는 것이다.

로마의 역사가 리비우스(Titus Livius, B.C. 59~A.D. 17)는 기원전 367년 리키니우스-섹스티우스의 개혁에 대해서 다음과 같이 썼다.

> 가이우스 리키니우스(Gaius Licinianus Stolo, ?~?)와 루키우스 섹스티우스(Lucius Sextius, ?~?)는 호민관으로 선출되자, 귀족들의 영향력을 떨어뜨리고 평민의 이익을 상승시키는 조치들만을 제안하였다. 이 조치들 가운데 하나는 부채 문제와 관련되었는데, 이자로 지불한 것이 원금에서 공제되어야 하며 차액은 3회 분납으로 청산한다는 것을 제시했다. 두 번째는 공유지 보유에 제한을 가하여 어떤 사람도 500유게라 이상 보유하는 것을 금지했다. 세 번째는 콘술 권한을 가진 천부장 선거를 없애고, 콘술 중에서 한 사람은 어떻게든 평민에서 선출되어야 한다고 규정하는 것이었다.

로마사의 전개 과정에서 리키니우스-섹스티우스의 개혁

은 평민에게 콘술[10]에 오를 수 있는 권리를 줌으로써, 평민들의 권리를 크게 신장시킨 것으로 유명하다. 문제가 되는 것은 "누구든지 공유지 500유게라 이상을 보유할 수 없다."는 두 번째 조항이다. 역사가 리비우스는 이 조항이 리키니우스-섹스티우스에 의해서 만들어졌다는 것을 강조하기 위해서 법을 만들었던 리키니우스 자신이 이 법을 위반하여 벌금형을 받았다고 기록했다.

그러나 정말 리키니우스와 섹스티우스가 기원전 367년에 이런 법을 만들었을까? 두 가지 이유에서 리키니우스가 이 법을 만들었다는 것은 허구라고 생각된다. 먼저 1유게라는 800평[11]이므로 500유게라는 40만 평이나 된다. 그런데 리키니우스 시절 로마의 영토는 도시 로마와 주변 지역에 한정되어 있었다. 아직 라틴 인들이나 삼니움 족을 정복하지 않았기 때문에 이탈리아 중남부로 뻗어 나가지 못했기 때문이다. 따라서 공유지가 그렇게 많지 않았으며 공유지의 대규모 집적을 규제할 필요가 거의 없었다. "공유지 500유게라 이상을 보유할 수 없다."는 법은 로마가 최소한 이탈리아의 중남부 평

---

10) 로마 공화정기의 최고 관리로서 민회에서 선출되었다. 임기는 일 년이며 두 명이었다.

11) 1평은 3.305제곱미터에 해당한다.

야를 통일한 이후에야 만들어졌을 것이다.

둘째, 기원전 367년에는 아직 라티푼디아(대농장)의 증가로 인해서 사회적 갈등이 발생했다는 이야기가 거의 없다. 귀족들의 대농장 소유로 인해서 평민과 귀족의 갈등이 심각해진 것은 기원전 2세기 중엽의 일이다. 따라서 평민과 귀족이 대농장 소유를 둘러싸고 대립하지 않은 상황에서 귀족들을 제어하기 위해서 그런 법을 만들었을 가능성은 매우 낮다.

그렇다면 리비우스는 왜 리키니우스가 그런 법을 만들었다고 했을까? 원래 고대인들은 출처가 명확하지 않은 일을 유명한 사람에게 돌리는 경향을 가지고 있었다. 가령 기원이 명확하지 않은 어떤 제도나 법이 있으면 스파르타 인들은 리쿠르고스[12]가, 아테네 인들은 솔론이 그 법이나 제도를 만들었다고 생각했다. 로마에는 기원전 2세기 전반기에 '농지 규모법'이라는 법이 있었는데, 그 법의 제정 시기와 제정자는 명확하지 않다. 다만 내용은 리키니우스-섹스티우스 법의 내용과 거의 유사하다. 리비우스는 아마도 이 법을 리키니우스-섹스티우스가 만들었다고 생각했던 것 같다. 이렇게 사료가 작성되었던 시기의 역사적 상황을 점검함으로써 사료를 비판

---

[12] 기원전 7세기에 활동한 스파르타의 전설적인 입법자이다.

하는 것을 내적 비판이라고 한다.

지금까지 사료가 무엇인지, 사료가 과거의 사실을 있는 그대로 담고 있는지 살펴보았다. 하지만 사료가 왜곡되고, 문서가 조작된 사례들을 보면서 거의 모든 혹은 대다수의 사료가 허위라는 생각을 가질 필요는 없다. 여기에 제시된 사례들을 다시 생각해 보면 모두 역사가들의 엄격한 사료 비판이라는 그물을 벗어나지 못했다. 만약 어쭙잖은 사람이 사료나 사실을 위조하거나 왜곡하려고 한다면 전문 역사가들의 비판을 피하기 어려울 것이다. 결국 역사는 끊임없는 사료 검토 작업이고, 사료를 남긴 과거와 사료를 읽는 현재 사이의 대화이다.

고대 이래 수많은 문서가 위조되었으며, 역사가가 주관을 가지고 역사를 쓸 수밖에 없다는 이야기를 듣고 역사를 왜곡하는 일이 쉽겠다고 생각하는 사람이 있을 것이다. 만약 이런 사람이 있다면 1980년대 미국에서 있었던 '에이브러햄 사건'을 들려주고 싶다. 1981년 프린스턴 대학교 조교수였던 에이브러햄(David Abraham)이 『바이마르 공화국의 붕괴』라는 책을 발표하였다. 이 책은 히틀러가 이끄는 나치당이 어떻게 정권을 잡았는가라는 문제를 독일의 자본주의 발전과 경제 엘리트들의 역할을 살펴보면서 해명하고자 했다. 이 책은 학계의 비상한 관심을 끌며 찬사를 받았다.

그런데 헨리 터너(Henry Turner)라는 학자가 에이브러햄은 독일 자본주의를 불신하고, 그것이 바이마르 공화국을 붕괴시켰다는 주장을 펼치기 위해서 사료를 의도적으로 왜곡하고 날조하였다고 비난하였다. 이에 펠드만(Gerald Feldman)은 에이브러햄이 이용했던 문서를 꼼꼼하게 재점검하였다. 펠드만은 부정확한 의역, 전거를 잘못 제시한 문서, 오역, 왜곡, 사료의 날조 및 변조 사례를 수백 건 발견하였고 에이브러햄의 잘못을 지적한 글을 미국 전역의 역사학자들에게 배포하였다. 결국 에이브러햄은 교수직을 사임했다. 1980년대 미국 사학계를 떠들썩하게 했던 에이브러햄 사건은 역사의 왜곡이나 날조가 얼마나 힘든 일인가를 명확히 보여 주었다.

2

역사가는
있는 그대로 역사를
인식할 수 있을까?

- 역사가가 사실을 있는 그대로 묘사할 수 없는
  이유는 무엇일까?

경솔하게 믿지 말고 몇 번이고 의심하라.
— **데카르트**(René Descartes, 1596~1650)

역사가가 사실을 있는 그대로 묘사할 수 없는 이유는 무엇일까?

앞에서 사료를 기록하는 사람이 여러 가지 한계를 가지고 있기 때문에 100퍼센트 있는 그대로 사건이나 사실을 기록할 수 없다는 것을 살펴보았다. 역사가는 사료 비판을 통해서 이를 극복하고자 노력한다. 사료 비판을 철저히 하면 할수록 진실에 더 가까이 다가갈 수 있을 것이다. 그런데 역사가가 사료를 아무리 철저히 분석한다고 해도 100퍼센트 진실을 밝혀낼 수는 없다. 역사가가 사료를 인식하는 데 여러 가지 제약이 있기 때문이다. 사료를 인식하는 데 있어서 역사가가 갖고 있는 제약은 세 가지로 살펴볼 수 있다.

먼저 역사가가 의도적으로 역사적 사실이나 사건을 왜곡할 수 있다. 2000년에 웃지 못할 해프닝이 발생했다. 일본 고고학계에서 '신의 손'이라고 불리던, 도호쿠(東北) 구석기 문화 연구소 부이사장 후지무라 신이치라는 사람이 미야기현 가미타카모리 유적지에서 70만 년 전의 석기 등 유물 서른한 점을 발견했다고 발표했다. 그런데 그의 발표가 있은 후 닷새 만에 그가 몰래 유적지에 가서 구덩이를 파고 석기를 묻는 장면이 찍힌 비디오테이프가 공개되었다. 이로써 신이치가 일본의 구석기 시대가 좀 더 일찍 시작되었다는 것을 증명하여 일본인들의 자긍심을 높이려고 유물을 위조한 것이 밝혀졌다.

신이치의 유물 조작은 이것이 처음이 아니었다. 그동안 그가 파 보라고 하는 곳을 파면 어김없이 유물이 나왔기 때문이다. 그는 개인적인 공명심과 일본의 역사를 유서 깊은 것으로 만들어야겠다는 욕심에 사로잡혀 역사를 왜곡하였다. 이렇게 흔하지는 않지만 역사가는 때때로 의도적으로 역사를 왜곡한다.

두 번째로 역사가는 편견에 사로잡혀서 역사를 왜곡할 수 있다. 한국사 개론서나 국사 교과서에 보면 고구려의 승려 담징(曇徵, 579~631)이 일본에 건너가 오경과 회화, 지묵과 맷돌의 제조 방법을 가르쳤으며, 호류사의 금당 벽화를 그렸다고 되어 있다. 백과사전에도 그가 그린 호류사의 금당 벽화가

1948년에 불탔다고 명기되어 있다. 담징은 610년에 일본에 건너갔고 631년에 죽었다. 그런데 670년에 호류사에 대화재가 발생하여 주요 건물들이 소실되었고, 금당 벽화가 그려져 있는 건물은 7세기 후반에 지어졌다. 따라서 시기적으로 담징은 호류사의 금당 벽화를 그릴 수 없다. 1948년에 불탄 금당 벽화는 담징이 아니라 다른 사람이 그렸을 것이다. 그렇다면 담징이 금당 벽화를 그렸다는 이야기는 어떻게 생겨났을까.

담징이 활동했다는 것을 전하고 있는 『일본서기』에는 담징이 호류사의 벽화를 그렸다는 이야기는 없다. 오히려 호류사의 금당 벽화에 대해서 언급하고 있는 가장 오래된 문헌인 『칠대사일기』에는 벽화를 그린 사람이 안조부조(鞍造部鳥)라고 명시되어 있다. 한국이 만든 것이든 일본이 만든 것이든 해방 전의 교과서에는 담징이 호류사의 벽화를 그렸다는 이야기를 담은 것이 없다.

최초로 담징이 호류사의 벽화를 그렸다는 것을 교과서에 실은 사람은 국사학자 이병도이다. 이병도는 1948년 만든 『새 국사교본』에서 "일본의 큰 국보로 치는 호류사 금당의 벽화는 바로 이 담징의 솜씨를 나타낸 것이라 한다."고 서술하였다. 이병도가 한국 사학계에서 워낙 거물이었는지라 이병도의 진술에 대해서 의문을 제기하는 사람은 아무도 없었고, 이후 담징이 호류사 금당 벽화를 그렸다는 이야기는 한국사를 다루는 거의 모든 책에서 그대로 채용되었다.

도대체 왜 이병도는 담징이 호류사의 벽화를 그렸다고 주장했을까? 담징이 호류사의 금당 벽화를 그렸다는 이야기를 그가 꾸며 낸 것은 아니다. 신빙성이 약하기는 하지만 일본의 구전을 담고 있는 몇몇 작품에 담징이 호류사의 금당 벽화를 그렸다는 이야기가 전하기 때문이다. 아마 이병도는 이 구전들을 사실로 받아들였던 것 같다. 그가 아무런 의심 없이 이 사실을 받아들인 것은 강한 애국심 때문이었을 것이다. 이병도는 자신이 한국 고대사를 연구하게 된 계기를 다음과 같이 적었다. "일제의 탄압 밑에서 민족의 역사가 짓밟혀 가는 수난 속에서 우리나라의 역사를 밝혀야겠다는 일종의 의무감과 책임감을 가지고 특히 고대사 연구에 있어서 우리의 주체성을 찾으려 한국 고대사를 연구하게 되었다."[13] 결국 이병도는 애국심을 가지고 있었기 때문에 신빙성이 약하지만 한국에게 유리한 자료를 그대로 받아들였고, 이후 한국인들은 담징이 금당 벽화를 그렸다고 확신하게 되었다. 그가 고의적으로 그

---

13) 김은숙, 「중, 고등학교 『국사』 교과서의 고대 한일관계사 서술 내용 검토」, 《역사교육》 제 74집(2000년), 243쪽.

런 작업을 하지는 않았다고 해도 역사를 왜곡한 것임은 분명하다.

역사가들의 편견은 자신이 속한 단체나 국가가 다른 단체나 국가와 대립하고 있을 때 극도로 심해진다. 19세기 말 서양의 역사학자들은 역사학이 객관성을 확보할 수 있고, 역사가는 개인적인 감정이나 편견을 극복하고 연구할 수 있다고 생각했다. 이런 태도를 보여 주는 사람 가운데 한 명이 라비스(Ernst Lavisse, 1842~1922)이다. 라비스는 프랑스 최고의 학자로 소르본 대학의 교수였고, 프랑스 아카데미의 회원이었다. 라비스는 프로이센에 대한 연구로 박사 학위를 받았으며 독일 문화에 대해 우호적인 태도를 견지하였다. 그가 이런 태도를 견지했던 것은 상당히 높이 평가해야 할 일이다. 근대사에서 프랑스와 독일은 늘 적이었고, 특히 1871년 프로이센의 군대가 프랑스의 나폴레옹 3세의 군대를 격파한 후에 독일과 프랑스 사이에는 깊은 증오가 쌓여 가고 있었기 때문이다.

그러나 1차 세계 대전이 발발하자, 라비스와 같이 객관적인 태도를 견지하려는 학자들은 모두 사라져 버렸다. 라비스와 거의 같은 시대에 살았던 올라르(Alphonse Aulard, 1849~1928)라는 역사가가 있었다. 올라르 역시 프랑스 최고의 역사가였다. 올라르는 프랑스 혁명 연구로 명성을 얻었으며 소르본 대학의 교수였다. 올라르는 주로 프랑스 혁명사를 연구했으므로 독일과는 별로 상관이 없었다. 그런데 1914년 1차 세계 대전이 발발하자 독일을 비난하는 강연을 하였다. "독일은 공기와 우물에 독을 넣듯이 사람들의 생각에 독을 넣고 있다. 독일은 이 지구를 독살하려는 가장 악독한 자들이다." 올라르는 독일인을 비난하는 것에 그치지 않았다. 그는 프랑스가 1918년 11월 11일 독일과 종전 협정을 맺은 것을 매우 아쉬워하면서 독일인들을 추적하여 대량 학살해야 한다고 주장하였다.

1차 세계 대전을 전후하여 올라르뿐만 아니라 많은 사람들이 독일에 대한 미움과 증오에 사로잡혔다. 그 결과 연합국은 승리한 후에 전쟁에 대한 모든 책임을 독일에게 뒤집어씌웠다. 1차 세계 대전을 끝내고 전쟁에 대한 책임과 배상을 묻고 전후 질서를 규정하기 위한 베르사유 조약이 체결되었다. 이 조약 231조에서 연합국은 1차 세계 대전의 모든 책임이 독일과 독일의 동맹국에 있음을 명확히 했다.

그러나 베르사유 조약이 체결된 지 30년이 지난 후에, 즉 전쟁으로 인한 상처와 미움이 가라앉은 후에 프랑스와 독일은 역사 연구 위원회를 구성하여 양국의 역사책에서 서로 모순되거나 논란이 될 수 있는 사항을 조절하기로 결정하였다. 이 위원회가 1차 세계 대전에 대해서 내린 결론은 다음과 같다.

대전 이후 밝혀진 관련 문서들을 검토한 결과 1914년에 일어난 유럽 대전이 어느 한 국가나 정부의 미리 계획된 전쟁 의지 때문에 발생했다고 볼 수 없다. 당시 상호간의 불신이 극에 달했고, 지도적 역할을 담당하고 있던 주요 집단들은 모두 전쟁이 불가피하다는 생각에 사로잡혀 있었다. 모든 사람들이 서로 상대방이 자신들에 대한 침략을 계획하고 있다고 생각하고 있었다.

여기서 1차 세계 대전의 책임이 누구에게 있었는가는 중요하지 않다. 오늘날에는 위원회의 진술대로 연합국이나 동맹국 모두에게 책임이 있었다는 주장이 널리 받아들여지고 있다는 것만 알면 충분하다. 우리에게 중요한 것은 이 진술은 1차 세계 대전 중과 그 직후에 역사가와 시민들이 감정과 편견에 사로잡혀 잘못된 판단을 내렸다는 것을 보여 준다는 것이다.

이렇듯 역사가들이 고의적으로 역사를 왜곡할 수 있으며, 고의는 아니더라도 편견에 사로잡혀 역사를 왜곡하거나 편향된 판단을 내릴 수도 있다. 그런데 이 두 가지 제약을 극복한다면, 즉 역사가가 진정 양심적이고, 객관성을 추구하기 위해서 최대한 노력한다면 역사가는 100퍼센트 완벽하게 과거를 인식할 수 있을까?

결코 그렇지 않다. 인식의 한계라는 것이 있기 때문이다. 모든 사람은 나름대로의 독특한 정체성과 사고방식을 가지고 있다. 인간이 생물체로서 각각 고유한 면역 체계를 갖고 있어서 다른 사람의 장기나 혈액을 마음대로 이식받을 수 없는 것처럼, 인간의 사유 체계도 마찬가지이다. 모든 인간은 개인적, 종족적 사유 체계를 가지고 있고, 다른 사람이나 다른 종족의 사유 체계를 온전히 그대로 받아들일 수는 없다.

고대 아시아에 맛사게타이라는 종족이 있었다. 이 종족은 아락세스 강 동쪽에 살고 있었다고 한다. 그런데 그리스의 역사가 헤로도토스는 이들의 습속에 관해 이런 기록을 남겼다.

그들은 적절한 시기에 죽음을 결정한다. 사람이 늙으면 그의 모든 친척들이 모여서 축제를 열어 주고 나서, 노인을 포함한 가축들의 희생 제사를 드린다. 그리고 노인의 시체와 가축들을 삶아 먹는다. 그들은 이렇게 죽는 것을 가장 좋게 죽는 것으로 생각한다. 병으로 죽은 자는 이렇게 먹힘을 당하지 않고 땅에 묻힌다.

여기서 헤로도토스의 기록이 사실인지 아닌지를 따질 필요는 없다. 일단 사실이라고 생각하고 역사가들이 이들의 습속을 연구한다면 역사가들은 맛사게타이 인들의 정신세계를 제대로 이해할 수 있을까? 고대 여러 족속들이 비슷한 풍습을 가지고 있었기 때문에 그럴 수도 있다고 생각할 수는 있다. 그러나 그들의 정신세계에 결코 동감할 수는 없을 것이다. 만약 현대 역사가가 완전히 동감한다면 본인도 그런 습속을 행할 수 있어야 하는데 누가 그런 풍습을 행할 수 있겠는가?

역사가가 고대인의 정신세계를 완전히 이해하지 못하고, 고대인과 똑같은 정신세계를 가질 수 없기 때문에 여러 가지 오류를 범할 수 있다. 즉 고대인은 너무나 당연하게 생각하는 것을 이상한 것으로 생각할 수 있으며, 때로는 현대적인 관점을 투영하여 반대의 해석을 내릴 수도 있다. 이처럼 사건이 발생했던 시대의 인식 구조와 그 사건을 인식하는 시대의 인식 구조가 다른 데서 발생하는 역사가의 한계를 **'인식의 한계'**라고 부른다.

이런 인식의 한계는 역사를 해석하는 데 있어서 큰 차이를 가져올 수 있다. 일반적으로 동양이든 서양이든 고대인들은 글을 쓸 때 띄어쓰기를 하거나 대문자 소문자를 구별하지 않았다. 이 때문에 당시에는 너무나 명확했던 문장이 후대에는 이상하게 해석될 수 있다. 우리 역사에 띄어쓰기 하나가 얼마나 중요한지를 보여 주는 사례가 있다.

일부 일본 학자들은 임나일본부설을 믿고 있다. 임나는 경상북도 고령 지방을 가리키는 말로 고대는 가야 세력권이었다. 일본인들은 4세기에 들어 야마토(大和) 정권이 한반도로 진출하여 변한 지역을 점령한 후에 임나일본부를 설치하였으며, 391년에는 군대를 보내 백제와 신라를 복속시켰다고 주장하고 있다. 한마디로 고대 일본이 한반도 남부의 일부를 점령했고, 그곳을 기반으로 해서 백제와 신라를 지배했다는 주장이다.

일본인들은 이 주장의 근거로 『일본서기』와 '광개토 대왕비'를 제시한다. 『일본서기』는 신빙성이 극히 의심스러운 저술이다. 고대의 통치자들이 자신의 업적을 과장해서 진술한 것은 너무나 일반적이었다. 일본의 지배자들이 자신들의 업적을 과장해서 적어 놓은 『일본서기』의 내용을 그대로 받아들이는 것은 유치한 일이다. 그런데 광개토 대왕비는 한국측의 기록이기에 적어도 신빙성을 의심할 수는 없다. 장수왕이 아버지의 업적을 기리기 위해서 세운 비석에 일본에게 유리한 내용이 들어갈 수는 없기 때문이다. 이 비문에서 문제가 되는 구절은 신묘년(395)의 다음 기사이다.

百殘新羅舊是屬民由來朝貢而倭以辛卯年來渡海破百殘□□[14]新羅以爲臣民.

여기서 '백잔(百殘)'[15]은 백제를 말한다. 처음에서 '조공(朝貢)'까지 부분에 대해서는 해석에 이견이 없다. "백제와 신라는 고구려의 속국이어서 오래전부터 조공을 바쳐왔다."로 해석하면 된다. 그런데 이후의 내용에 대해서 일본 학자들은 "而倭以辛卯年, 來渡海, 破百殘□□新羅以爲臣民"이라고 띄어쓰기를 한 다음 "왜가 신묘년에 바다를 건너와 백잔과 신라를 쳐부숴 신민으로 삼았다."고 해석하고 있다. 이 해석에 따르면 광개토 대왕비는 일본이 백제와 신라를 지배했다는 것을 증명하는 증거가 된다.

그런데 한국의 국학자인 정인보는 "而倭以辛卯年來, 渡海破, 百殘□□新羅以爲臣民"이라고 띄어쓰기를 한 다음 "왜가 신묘년에 침입해 왔기 때문에 바다를 건너가서 쳐부쉈다. 백잔과 신라를 쳐서 신민으로 삼았다."고 해석하였다.

위 두 문장은 구두점 두 개를 다르게 찍었을 뿐인데 완전히

---

14) '□'는 훼손된 문자이다.
15) '백잔'은 고구려가 백제를 낮추어 부르는 말이다. 백제는 이에 대응해서 고구려를 '하구려'라고 불렀다.

다른 뜻을 담고 있다. 여기서 어느 주장이 맞는 것일까 하는 의문까지 들어가지는 말자. 다만 비문을 작성한 사람은 당연히 구두점을 어디에 찍어야 하는지 알고 있었지만, 그것을 해석하는 현대학자들은 모를 수 있으며, 때때로 비문 작성자와 다른 구두점을 찍을 수도 있다는 것이다.

 이 장에서는 사료가 과거의 사실을 있는 그대로 담고 있다고 하더라도 역사가는 세 가지 제약 때문에 그것을 100퍼센트 인식할 수는 없다는 것을 살펴보았다. 그러나 우리가 친구의 모든 것을 완전히 이해해야만 사랑할 수 있는 것은 아니듯이, 과거의 모든 것을 완전히 이해하지 못한다고 해서 과거를 사랑할 수 없는 것은 아니다. 또한 역사가들은 자신들이 이런 한계를 가지고 있다는 것을 잘 알고 있으며, 가능한 그 한계를 극복하기 위해서 노력하고 있다. 따라서 역사는 과거의 사실을 좀 더 정확히 이해하고자 하는 현재의 끊임없는 노력이다.

역사가와 편견

18세기 역사 철학자인 비코(Giambattista Vico, 1668~1744)는 역사가가 일반적으로 범하기 쉬운 다섯 가지 편견을 지적하였다. 그가 지적한 다섯 가지 편견은 다음과 같다.

1. 역사가는 자신이 연구하는 시대, 인물, 사건 등을 실제보다 중요하고 의미 있는 것으로 믿고 싶어 한다.
2. 자기 민족의 역사를 취급하는 모든 역사가는 자기 민족의 역사를 좋은 빛깔로 채색하려고 한다. 가령 영국인이 쓴 영국사에서 영국의 군사적 실패가 중요하게 부각되는 일은 거의 없다.
3. 역사가는 자신이 연구하고 있는 역사상의 인물이 지성 있는 사람이라고 착각하기 쉽다. 그러나 지성이 역사적 위대성과 연결된 사례는 드물다. 더욱이 역사가 자신의 생활을 지배하는 가치 기준과 역사가가 다루고 있는 역사적 인물의 생활을 지배하고 있는 가치 기준은 매우 다르다.
4. 두 민족이 유사한 사상, 제도를 가지고 있을 때, 두 민족이 서로 배웠다고 생각하기 쉽다. 가령 중국인이 일본인을, 그리스 인이 로마 인을, 로마 인이 게르만 인을 가르쳐 주었다고 생각하기 쉽다. 그러나 배우는 민족이 가르쳐 준 것을 아무런 변경도 가하지 않고 그대로 받아들이지는 않는다.
5. 역사가 기억에 의존하고 있다는 편견을 가지고 있기 때문에 사건과의 시간적 거리가 가까울수록 그 사건에 대한 지식이 정확하다고 생각하기 쉽다. 그러나 실제로 그런 등식이 성립하는 것은 아니다. 어떤 측면에서 보면 어떤 시대에 대해서 가장 모르는 사람은 그 시대에 살았던 사람들이다.

3

사실(事實)과 사실(史實)은 어떤 차이가 있을까?

- 사실(事實)과 사실(史實)은 어떻게 구분할까?
- 역사적 사실의 기준은 무엇일까?
- 사실(史實)의 등급이 변할 수도 있을까?

> 현재를 지배하는 사람이 과거를 지배한다.
> — 조지 오웰(George Orwell, 1903~1950)

사실(事實)과 사실(史實)은 어떻게 구분할까?

역사가 시작된 후 지금까지 얼마나 많은 사건이 있었을까? 예를 들어 어제 한 초등학교에서 음악 수업이 있었다고 하자. 사십 분간 수업이 진행되면서 몇 가지 사건이 발생했을까? 학생들이 자리에 앉고, 선생님이 들어오고, 수업이 시작된다. 몇 곡의 노래를 불렀지만, 몇몇 학생들은 노래를 부르는 둥 마는 둥 하면서 딴전을 피웠다. 선생님은 음정이 틀린 학생들을 지적하고 교정해 주었다. 그리고 음악 이론 설명을 잠깐 한 뒤에 수업이 끝났다.

이렇게 사십 분간의 수업 시간에는 여러 사건이 발생했다. 아마 세밀한 능력이 있는 사람이라면 사십 분간 수만 가지 사건이 발생했다고 말할 수 있을 것이다. 철수가 박자에 맞추어 발을 굴렀다든가, 영희는 노래를 부를 때 입을 크게 벌렸다든가, 혜인이가 노래를 부를 때 긴 머리가 찰랑거렸다든가 얼마든지 더 세밀한 사건을 포착할 수 있기 때문이다.

만약 40분 사이에 발생한 사건을 더 많이 제시한 사람이 이긴다고 가정하고, 시합을 한다면 우승자는 몇 가지 사건을 제시할 수 있을까? 인간의 능력으로는 사건의 수를 결코 완벽하게 다 셀 수 없다. 우리 눈에 보이지 않는 사건들이 발생하고 있기 때문이다. 교실에 있는 물체든 학생들의 몸이든 모두 원자로 구성되어 있다. 그리고 원자에는 양성자와 중성자가 있을 것이고, 원자 주변에는 전자가 돌고 있다. 양성자만 해도 어마어마하게 작은 입자이다. 작은 점 하나에 양성자 5000억 개가 들어갈 수 있다. 전자는 그보다 훨씬 적어서 수치로 크기를 표시할 수 없을 정도이다.

그런데 전자는 가만히 정지해 있는 것이 아니라 끊임없이 핵 주위를 돈다. 그 미세하게 작은 입자가 계속 운동을 하는데 그 운동이 모두 사건이라면 인간이 만들어 낸 숫자로 어떻게 다 표시할 수 있을까? 사십 분이 아니라 단 일 초밖에 안 된다고 해도, 인간은 그 시간에 발생하는 모든 사건의 총 수를 절대로 다 셀 수 없다. 인류 역사에는 셀 수도 없이 많은 사건이 발생했다. 이것들은 모두 사실(facts)이다. 그런데 이

음악 시간에 발생한 모든 사실은 아마도 역사책에 기록되지 않고 과거로 소멸되었을 것이고, 앞으로도 영원히 어떤 역사책에도 등장하지 않을 것이다.

지구 상에 태어나는 사람은 하루에 몇 명이나 될까? 일 분에 약 250명이 태어난다고 한다. 이렇게 많은 아이들이 태어나는데 이 일들은 모두 하나의 사실이다. 태어나는 모든 아이들이 개인적으로 축복을 받을지라도 그들이 태어났다는 것이 역사책에 기록되는 일은 드물다. 그런데 약 2,000년 전 팔레스타인 땅에서 한 아이가 태어났다. 그 아이의 이름은 예수였다. 그 아이의 탄생이 묘사되지 않은 세계사 책은 없을 것이다. 사람들은 그 아이의 탄생에 대해서 세세한 것까지 잘 알고 있다. 마구간에서 태어났다든가, 어머니가 마리아였다든가, 그때는 로마 시대였다든가, 동방 박사 세 명이 축하해 주었다든가. 이렇게 역사책에 기록되고 후대의 사람들이 기억하는 사건을 '역사적 사실(historical facts)' 혹은 줄여서 '사실(史實)'[16]이라고 부른다.

---

16) 이후부터는 '사실(事實)'과 '사실(史實)'의 구분을 위해서 역사적 사실은 '사실'로 표기하였다.

역사적 사실의 기준은 무엇일까?

도대체 어떤 것은 사실로 잊혀져 버리고, 어떤 것은 '사실'로 기억되는 것일까? 크게 두 가지 기준이 적용될 수 있다. 얼마나 많은 사람에게 영향을 끼쳤는가가 첫 번째 기준이고, 세계에 어떤 변화를 가져왔는가가 두 번째 기준이다.

보통 사람들이 태어났다가 죽기까지 얼마나 많은 영향을 끼칠까? 그의 영향력은 평생 주변의 사람들, 즉 친척이나 친구, 혹은 직장 동료를 벗어나지 못할 것이다. 따라서 보통 사람의 탄생은 그 자체로 의미 있는 것이기는 하지만 역사책에 기록되지는 않는다. 그가 죽은 후에는 그를 알고 있던 몇몇 사람들이 한동안 기억하겠지만 그에 대한 모든 기억은 얼마되지 않아서 소멸된다. 그러나 예수의 탄생은 지금도 21억 명 이상의 사람에게 영향을 끼치고 있다. 현재 세계적으로 기독교 신자가 약 21억 명이기 때문이다. 기독교 신자가 아닌 사람도 영향을 받을 것이다. 성탄절을 공휴일로 즐기거나 지인들과 선물을 주고받을 것이기 때문이다. 따라서 예수의 탄생은 수많은 사람들에게 의미가 있는 '사실'이다.

똑같은 행위를 하더라도 어떤 것은 사실에 그치고 또 어떤 것은 역사적 '사실'이 될 수 있다. 큰 도서관에 가면 많은 사람들을 볼 수 있다. 모두들 좋은 책을 골라서 읽기에 여념이 없다. 국회 의원도 있고, 학생도 있고, 할머니도 있을 것이다. 그중에는 하루 휴가를 받은 노동자도 있을 것이다. 그런데 이들이 누구든 오늘날 책을 읽는 것은 특이한 현상 혹은 세상에 큰 영향을 끼칠 드문 현상이나 예전에는 없었던 새로운 현상이라고 간주되지 않는다. 물론 책을 읽고 지식을 쌓아서 세상을 바꿀 혁신적인 발명을 할 수도 있지만, 그렇다고 해도 발명품이나 그 원리를 이야기하지 발명가가 독서를 했기 때문에 세상을 변화시킬 수 있었다고 이야기하지는 않는다. 다시 말해서 후대의 역사책에 오늘날 책을 읽는 현상이 중요한 '사실'로 기록되지 않을 것이다.

그런데 18세기에 노동자나 농민들이 책을 읽은 것은 현대인들이 책을 읽는 것과 상당히 다른 의미를 갖고 있다. 중세에는 책이 매우 비쌌으며, 글을 읽을 수 있는 사람은 성직자와 소수의 지식인들뿐이었다. 15세기에 구텐베르크(Johannes Gutenberg, ?1400~1468)가 금속 활자를 개량하고, 18세기 프랑스의 로베르(Nicolas-Louis Robert, 1760~1820)가 초지기[17]를 개발하면서 책이 대량 보급되기 시작했고, 노동자와 농민

---

17) 죽 모양의 묽은 펄프에서 종이를 떠내는 기계.

들도 책을 읽기 시작했다. 노동자, 농민이 책을 읽는 것이 전례 없는 일이었기에 당시 사람들은 특이한 일이 벌어지고 있으며, 세계가 변하고 있다고 느꼈다.

가령 18세기 후반 코아예(Gabriel François Coyer, 1707~1782)라는 신부는 "루이 14세 치세에는 농민의 아들이 토지를 경작하는 일과, 장인의 자식이 자기 솜씨만을 아는 것이 아주 평범한 것이었다. 오늘날 그들은 종교를 놓고 토론하고, 법정에 나타나며, 연극에 대한 소감을 말한다. 우리의 토지와 공장이 피해를 입고 있으나 누가 상관하겠는가! 나라가 철학 정신으로 물들었다."라고 말하였다. 이 말에서 우리는 18세기 노동자, 농민들이 책을 읽고 정치의식을 가지게 됨으로써 기존의 사회 질서에 강하게 저항하게 되었다는 것을 알 수 있다. 그리고 이 저항은 거대한 물결을 이루어 프랑스 혁명으로 이어졌으며, 19세기를 혁명의 시대로 만들었다.

따라서 18세기에 노동자나 농민들이 책을 읽은 것은 '사실'이다. 그것이 새로운 현상이었고, 거대한 사회, 정치적 변화를 가져온 힘을 가지고 있었기 때문이다. 그러나 오늘날 민중들이 책을 읽는 것이 사실에 머문다. 그것은 일상적인 현상이고, 색다른 변화를 가져올 가능성도 낮기 때문이다.

그렇다면 역사적 '사실'에도 등급이 있을까?

수많은 사실들이 있지만 그중에 일부만이 '사실'이 되는데, 그 '사실'들이 똑같은 비중을 갖고 있는 것은 아니다. 고등학교 세계사 교과서를 펼쳐 보면 1차 세계 대전은 큼직하게 단일 주제를 구성하고 있는 반면, 토마스 모어(Thomas More, 1477~1535)가 『유토피아』를 썼다는 사실은 한두 줄 겨우 나오기도 하고, 그저 토마스 모어의 이름만 나오기도 한다. 이집트의 피라미드는 그 중간 정도의 비중을 차지하고 있다.

왜 이런 차이가 발생하는 것일까? 세 사건이 끼친 영향이 각기 다르기 때문이다. 1차 세계 대전은 유럽의 거의 모든 열강들뿐만 아니라 미국과 일본이 참전했다. 전사자만 900만 명이나 되고, 부상자는 2200만 명이나 된다. 또한 전쟁 중에 러시아 혁명이 일어나서 세계 최초로 공산당 정권이 수립되었고, 전쟁이 끝난 후 나치즘, 파시즘과 같은 전체주의 정권이 들어섰다. 전쟁이 끝나 가는 시점에서 윌슨이 전후 세계에서 민족 자결주의 원칙이 지켜져야 한다고 밝혔고, 이는 우리나라의 3·1운동에 영향을 끼쳤다. 이처럼 1차 세계 대전은 세계의 거의 모든 사람들에게 영향을 끼쳤고, 현대 세계사의 흐름에서 가장 중요한 역할을 하였다. 이 때문에 역사가들은 1차 세계 대전을 중요하게 다루는 것이고, 일반 사람들도 그것을 인정하고 있는 것이다.

이집트 인들이 피라미드를 건설한 것은 원래 이집트 인들만의 일이었다. 피라미드는 이집트의 왕인 파라오의 무덤이었고, 피라미드의 건설을 위해서 수십만 명의 농민들이 동원되었다. 그런데 피라미드의 건설이 인류의 역사에 어떤 영향을 끼쳤을까? 왜 사람들은 피라미드의 건설을 그토록 열광적으로 기념할까? 고대 이집트가 사라지면서 피라미드는 고대 이집트 문명의 상징으로 여겨졌다. 나폴레옹을 비롯한 수많은 유럽 인들이 피라미드를 보았고, 피라미드를 건설했던 이집트 인들이 높은 수준의 문명을 가지고 있었다는 것을 깨달았다. 지금도 해마다 수십만 명의 사람들이 피라미드를 방문하며 피라미드를 통해서 고대 이집트 인들의 숨결을 느끼고 있다. 또한 피라미드는 고대 인류가 엄청난 수준의 문명을 가지고 있었다는 것을 입증함으로써 인간의 위대함을 깨닫게 해 준다. 이렇게 피라미드는 고대인의 숨결을 전하는 도구이고, 인간의 위대함을 깨닫게 해 주는 유물이기에 그 자체로 하나의 '사실'이다.

 토마스 모어는 중세 말 근대 초 부패한 지배층을 공격하고, 새로운 질서에 대한 열망을 표출하기 위해서 『유토피아』를 썼다. 오늘날까지도 그의 책을 읽는 사람들이 많기는 하지만, 실제 『유토피아』가 끼친 영향은 크지 않았다. 토마스 모어, 에라스무스(Desiderius Erasmus, 1469~1536), 마르틴 루터(Martin Luther, 1483~1546)는 모두 동시대인들이었다. 토마스 모어의 절친한 친구였던 에라스무스도 『우신예찬』을 써서 부패한 성직자들을 공격하였다. 당시에 에라스무스는 유럽 최고의 학자로 명성이 높았다. 그러나 에라스무스가 『우신예찬』을 썼다는 것도 한두 줄 나오고 만다. 반면에 마르틴 루터가 「95개조 반박문」을 발표하고 종교 개혁을 했다는 사실은 큰 절을 구성하고 있다. 토마스 모어나 에라스무스가 책을 썼다는 사실이 의미 있기는 하지만 그들이 실제 끼친 영향이 마르틴 루터보다 작기 때문이다.

사실(史實)의 등급이 변할 수도 있을까?

앞에서 1차 세계 대전, 피라미드, 토마스 모어의 『유토피아』 이 세 '사실'의 비중이 다르다는 것을 살펴보았다. 중요도에 등급을 매긴다면 각각 1, 2, 3 등급을 부여할 수 있을 것이다. 그런데 이런 등급이 늘 똑같이 유지되는 것이 아니다. 시대와 상황에 따라서 등급이 변할 수 있다. 10만 년 후의 세계사 교과서는 어떤 모습을 하고 있을까? 지금의 '사실'들이 똑같은 등급을 유지하고 있다면 교과서의 두께가 지금의 스무 배는 되어야 할 것이다. 10만 년은 인류가 지금까지 살아온 역사 시대의 스무 배이기 때문이다. 그러나 10만 년 뒤에도 세계사 교과서의 두께는 지금과 대동소이할 것이다. 현재 3등급으로 취급받고 있는 '사실'들은 거의 '사실'에서 빠질 것이고, 1등급 '사실'들 대부분은 아마 3등급 '사실'이 되어 있을 것이다.

'사실'은 이렇게 긴 시간 속에서만 변화하는 것이 아니다. 지금도 계속해서 '사실'은 변하고 있다. 중국의 동북공정 사태를 생각해 보자. 동북공정이란 '동북 변경 지역의 역사와 현상에 관한 체계적인 연구 과제'의 줄임말로, 중국이 2001년부터 국가적으로 지원하는 연구 프로젝트이다. 중국은 이 연구를 통해서 중국의 동북 지역에서 이루어졌던 모든 역사를 중국사의 일부로 편입시키려고 했다. 우리에게 중요한 것은 중국의 동북 지역이 우리의 조상인 고구려와 발해의 활동 무대였고, 간도 일대에는 수많은 조선족이 살고 있다는 것이다. 만약 중국의 연구가 세계의 인정을 받게 된다면 고구려와 발해의 역사는 중국의 역사가 될 수도 있으며, 간도 지역에 대한 한국의 권리가 완전히 사라지는 것을 의미한다.

지금까지 한국인들은 일본의 역사 왜곡에 대해서 격심한

분노를 표출하면서도, 중국의 역사 왜곡에 대해서는 별 관심을 기울이지 않았다. 그러나 사실 알고 보면 중국의 역사 왜곡은 일본의 역사 왜곡보다 훨씬 심하다. 중국의 역사 교과서 대부분이 중국이 고대부터 근대까지 사실상 한반도를 지배해 온 것처럼 묘사하고 있다. 중국의 역사 교과서가 한국사를 왜곡한 것은 몇 십 년 전부터의 일이지만 여기에 관심을 가진 사람은 거의 없었다. 몇 년 전 '동북공정' 사태가 발생하지 않았다면 중국의 역사 왜곡은 지금도 아무런 문제가 되지 않았을 수도 있다. 중국의 '동북공정'은 과거가 그저 사라지는 것이 아니며, 민족의 자긍심과 엄청난 이권을 좌우하는 중요한 열쇠라는 것을 명확히 보여 주고 있다.

동북공정은 '사실'에 어떤 변화를 가져오고 있을까? 동북공정의 실태가 밝혀지자 한국이 발칵 뒤집혔다. 국회 의원에서 일반 시민들까지 분노에 차서 시위를 벌였고 학문적으로 중국측의 시도를 분쇄해야 한다는 여론이 일었다. 그러나 국민들은 한국의 고구려사 연구 실태를 보고는 깜짝 놀라고 말았다. 고구려사를 전공하여 박사 학위를 받은 사람이 스무 명도 안 되는데 반해, 중국에서 고구려사를 전공한 사람은 수백 명이 넘었기 때문이다. 한마디로 그때까지 고구려사는 대접받지 못하는 분야였다. 정부는 부리나케 예산을 편성하여 고구려 연구 재단[18]을 만들었다. 당시 50억 원의 예산을 투입하고, 서른두 명의 상근 연구원을 둔 가히 우리나라 최고 연구 기관이었다. 이 때문에 한때 고구려사 연구는 가장 각광받는 분야가 되었다. 이렇게 연구가 활성화되고 국민들의 관심이 폭발되면 고구려사의 '사실' 등급은 상승하게 된다.

고구려는 기원전 37년에 세워졌고 668년에 멸망했다. 고구려인들의 삶과 역사는 모두 과거가 되었고, 우리는 거기에 티끌 하나라도 첨가하거나 삭제할 수 없다. 그런데 고구려의 역사는 어떤 때는 망각되었다가 어떤 때는 전 국민의 뜨거운 관심을 받는다. 이는 역사가 현재의 관심에 의해서 모습을 바꾸게 된다는 것을 보여 준다. 과거는 하나의 거대한 산과 같다. 앞에서 보는 산과 옆에서 보는 산이 다를 것이며, 현미경으로 보는 산과 망원경으로 보는 산은 다를 것이다. 따라서 역사는 현재의 과거에 대한 끊임없는 탐색이고, 수시로 모양을 바꿀 수도 있는 카멜레온이다. 역사가 카멜레온이기는 하지만 보통의 카멜레온과는 다르다. 카멜레온은 스스로 모습을 바꿀 수 있지만 역사는 스스로 모습을 바꾸는 것이 아니라 역사가

---

18) 고구려사 등을 비롯한 중국의 역사 왜곡에 대응하기 위해 2004년 설립되었으며 현재 동북아 역사 재단에 흡수 통합되었다.

에 의해서 모습을 바꾼다.

 이 장에서 우리는 역사적 사실에 등급이 있으며 그 등급이 변할 수 있다는 것을 살펴보았다. 과연 '사실'은 어떻게 확립되고 어떻게 등급이 매겨질까? 먼저 '사실'이 되기 위해서는 사료로 남아야 한다. 일어났던 모든 일이 기록되는 것은 아니며, 기록된다고 해도 후대에 전해지는 것은 아니다. 서양의 경우 15세기 이전, 즉 인쇄술이 발명되기 이전 거의 모든 문서는 양피지에 기록되었다. 그런데 체계적인 보관 기관이나 장소가 발달되어 있지 않았기 때문에 많은 기록들이 소실되거나 유실되었다. 가령 로마사를 다룬 가장 중요한 사료인 리비우스의 로마사는 총 142권이지만 서른다섯 권밖에 전하지 않는다.

 그리고 현대 역사가들이 매우 중요하게 생각하는 문서가 정말 우연히 발견되기도 한다. 키케로(Marcus Tullius Cicero, B.C. 106~B.C. 43)는 로마의 셰익스피어라고 부를 수 있는 최고 문필가로 그의 작품들은 서양 고대사를 연구하는 데 귀중한 자료이다. 그의 주요 작품 가운데 『국가론』이 있다. 총 여섯 권으로 구성된 이 책은 일부분만 전해 내려왔기 때문에 고전학자들은 매우 아쉬워하고 있었다. 그러던 중 19세기 초

바티칸 도서관에서 이 작품의 1권부터 3권까지가 발견되어 큰 반향을 일으켰다. 그런데 그의 작품이 발견된 경위가 흥미롭다. 유명한 기독교 사상가인 성 아우구스티누스(Aurelius Augustinus, 354~439)가 쓴 구약 성서 시편의 필사본 밑에서 발견되었던 것이다. 중세에는 물자가 귀했기 때문에 필사가들은 양피지를 재활용하곤 했다. 대개 이미 글자가 씌어져 있는 양피지의 뒷면을 재활용했는데, 이 경우에는 필사가가 키케로의 작품을 '쓸데없는 것'으로 여기고, 글자를 문질러 지운 후에 그 위에 아우구스티누스의 작품을 옮겨 썼다. 현대 학자들은 아우구스티누스의 작품 밑에 남아 있는 '지운 흔적'을 판독해 키케로의 작품을 복원하였다.

만약 리비우스의 『로마사』가 한 권도 남아 있지 않거나 키케로의 『국가론』이 발견되지 않았다면 그 속에 담겨 있던 사실들은 모두 망각 속으로 사라졌을 것이다. 따라서 사실이 역사적 사실이 되기 위해서는 일단 기록되어야 하고, 그 기록이 후대에 전해져야 한다.

그러나 기록되어 있다고 해서 모두 역사적 사실이 되는 것은 아니다. 지금도 세계의 많은 도서관에는 수많은 문서가 햇빛 한번 보지 못하고 덮여 있다. 아무도 그 문서에 관심을 가지지 않는다면 그 기록은 영원히 사장될 수도 있다. 가령 리처드 에번스(Richard Evans, 1947~)라는 역사가는 1980년대 함부르크 주 문서 보관소에서 연구하고 있었다. 그는 연구를 하면서 20세기 초 독일에서 경찰이 사회주의 노동자들이 다니던 술집에 밀정을 보내서 동향을 감시했고, 그 결과를 비밀 보고서 형태로 남겼다는 것을 알게 되었다. 여기에 흥미를 느낀 그는 많은 표본을 찾아야겠다고 생각하고 문서 관리인의 협조를 받아서 당시 경찰 문서철들을 검사하다가 「가치 없는 보고서들」이라는 제목이 붙은 문서들을 보게 되었다. 거기에는 노동자들의 조직과 일상생활의 세세한 것들이 자세히 실려 있었다. 이후 이 문서들은 노동자들의 의식과 생활을 보여주는 소중한 자료로 평가되었다. 에번스가 그 문서들을 보기 이전에는 누구도 그 문서들의 존재조차도 몰랐다. 이처럼 아무리 훌륭하게 문서로 보존되어 있어도 역사가가 관심을 기울이기 이전에 거기에 기록된 사실은 결코 역사적 사실이 될 수 없다.

그러면 역사가가 어떤 사료에 주목하고 역사책에 쓰면 그렇게 기록된 사건은 바로 '역사적 사실'이 되는 것일까? 만약 어떤 역사가가 "신라 시대에 철수가 아침을 먹었다."는 사실을 자신의 책에 썼다고 가정해 보자. 아무도 그 사실에 가치를 부여하지 않을 것이다. 철수라는 개인이 늘상 반복적으로

하는 행위에 지나지 않기 때문이다. 그러면 점차 '철수가 아침을 먹었다는 사실'은 다시 망각 속으로 빠져든다. 이는 역사가가 아무리 중요한 사건이라고 기록해도 사회로부터 인정을 받지 못하면 그의 주장이 의미를 상실한다는 것을 의미한다. 이렇게 역사가의 서술은 사회로부터 평가를 받는다. 이 사회의 평가 작업이 결국은 '역사적 사실'의 등급을 결정하는 가장 중요한 잣대이다. 결국 역사가는 결코 홀로 존재할 수 없고 사회와 끊임없이 교감을 주고받아야 한다.

4

역사는 발견되는 것인가, 발명되는 것인가?

- 과거는 실재하는가?
- 사료 속에 숨어 있는 과거의 상이란 무엇인가?
- 역사가의 주요 임무는 무엇일까?
- 역사적 발견은 지금도 계속되고 있을까?
- 역사는 발견에서 멈추지 않는다는 말은 무슨 뜻일까?

역사는 원래 그것이 어떠했는가를 밝히는 것이다.

— 랑케(Leopold von Ranke, 1795~1886)

과거는 실재하는가?

19세기 이전 역사가들은 과거가 실재한다고 믿었다. 그들에게 역사가는 실재했던 과거를 되살려서 그저 '본래 그것이 어떠했는지' 제시하기만 하면 되는 존재였다. 과거의 사실들로 하여금 스스로 말하게 하고, 역사가 본인은 단지 마이크 역할만 하면 충분하였다. 과거는 사료 속에 숨겨져 있고 역사가는 그것을 발견하면 되었다.

과거는 정말 실재하는 것일까? 다시 초등학교 음악 교실 이야기를 해 보자. 인간이 시야를 넓게 잡을 때도 인간 눈의 초점은 하나에만 맞춰진다. 절대 교실의 오른쪽을 보면서 동시에 왼쪽을 볼 수 없다. 카메라와 같은 기계의 힘을 빌려서 모든 각도에서 교실을 찍는다고 생각해 보자. 그러면 교실에서 일어나는 모든 일을 알 수 있을까? 절대 그럴 수 없는데 교실에서 일어나는 외형적인 사건을 모두 포착할 수는 있을지라도 사람들의 마음을 포착할 수는 없기 때문이다. 그런데 정작 중요한 것은 외형적인 사건이 아니라 사람들의 마음이다. 따라서 아무리 정교한 기술을 도입한다고 해도 과거의 사건을 있는 그대로 보존해 둘 수는 없다. 결국 현재 상황에서 과거는 실재하지 않는다.

그렇다면 과거를 있는 그대로 재구성한다는 것은 불가능한 꿈에 지나지 않을까? 지금까지 논의한 것을 보면 정말 그럴 것 같다. 과거는 실재하지 않고, 사료의 작성자는 편견에 사로잡혀 있으며, 기억의 한계에 시달리고 있다. 그리고 그것을 해석하는 역사가도 편견에 사로잡힐 수 있으며, 인식의 한계를 가지고 있다. 그렇다면 어차피 모두가 편견과 인식의 한계를 가지고 있으니 마음대로 역사를 왜곡하는 일이 가능하지 않을까?

만약 그렇다면 우리 마음대로 역사를 발명할 수 있을 것이다. 국사책에 큼직하게 "우리 민족은 인류의 시원 민족이다. 백두산에 에덴동산이 있었고 그곳에서 살던 고조선의 백성들이 사방으로 흩어져 황인종, 백인종, 흑인종이 탄생했다."고 써 놓으면 어떨까? 만약 남해안 어딘가에서 무함마드(마호메

트)와 이슬람교가 탄생했다고 하면 어떨까? 이슬람의 성지인 메카에는 해마다 성지 순례를 하기 위해 수백만 명의 신자들이 모인다. 남해안 어딘가가 이슬람의 최고 성지라면 해마다 수백만 명의 관광객이 올 테니 그 관광 수입이 얼마나 될까?

그러나 국사책에 남해안 어딘가에서 무함마드가 탄생했다고 적어 놓는다면 이슬람 신자들의 강력한 항의에 시달릴 것이다. 결국 역사를 왜곡하고 역사의 큰 물줄기를 바꾸는 일은 불가능하다.

사료 속에 숨어 있는 과거의 상이란 무엇인가?

철학자 데카르트나 데이비드 흄(David Hume, 1711~1776)은 세상에 존재하는 모든 것이 허상은 아닌지, 자기가 실재하고 있다고 믿고 있는 것들이 사실은 실재하지 않는데, 어떤 속임수 때문에 실재한다고 믿고 있는 것은 아닌지 고민하였다. 그 결과 데카르트는 세상의 모든 것이 의심스러웠지만 자신이 의심하고 있다는 사실 하나만은 확실하다고 결론을 내렸다. 그래서 "나는 생각한다. 따라서 나는 존재한다."라는 말을 했다.

생각하는 주체와 생각의 대상이 되는 객체, 즉 세상이 분리되어 있다는 두 철학자의 주장은 옳다. 그러나 인간 인식의 한계를 지적하는 철학자들의 주장이 옳다고 인정한다고 해서, 현재 세상이 실재하지 않는 것은 아니다. 의심하는 나만 실재하는 것이 아니고 의심의 대상이 되는 세상도 실재한다.

역사에 대해서도 똑같은 생각을 해 볼 수 있다. 현재 과거는 사라져 버렸고, 그 과거를 바라보았던 인식자의 기록만이 남아 있다. 그러나 과거인이 과거의 사건을 바라보았을 때 분명 과거는 실재했다. 그리고 과거인의 인식에는 실재했던 과거의 상이 담겨 있다. 즉 과거가 실재하지는 않는다고 해도 어떤 형태로든지 지금도 존재하고 있다.

우리는 이 상을 가지고 역사의 사실을 재구성할 수 있다. 즉 1914년에 1차 세계 대전이 발생했고, 1592년에 임진왜란이 발생했고, 1687년에 뉴턴이 『자연 철학의 수학적 제 원리』를 썼다는 사실을 알 수 있으며, 아무리 뛰어난 궤변가라고 해도 이 사실들을 변경시킬 수는 없다. 따라서 역사는 결코 발명되는 것은 아니며 사료 속에 남아 있는 상(像)을 가지고 과거를 발견하는 것이다.

과거는 빛이었다. 그 빛이 하나의 프리즘, 즉 사료를 기록하는 사람에게로 들어갔다. 프리즘으로 들어간 순간 빛은 프리즘 안에 갇히게 된다. 프리즘은 빛을 원래의 형태대로 비추지 않는다. 원래 빛은 여러 성분으로 구성되어 있으며 프리즘은 그 빛들을 분리하여 여러 가지 색으로 빛나게 한다. 따라서 사료라는 프리즘을 통과한 빛은 여러 가지 색깔로 빛나게 되는데 역사가는 먼저 그 프리즘을 통과한 빛을 수집한다. 이때 역사가의 능력이 뛰어나면 뛰어날수록 많은 빛을 흡수할 수 있을 것이다. 이렇게 수집된 빛이 역사가 안에 들어오면 역사가는 다시 하나의 프리즘이 되어 자신 속에 들어온 빛을 여러 가지 색으로 분리하여 배출한다. 그리고 이 프리즘을 통과한 빛은 비로소 '사실'이 된다.

  최초의 빛이 없었다면 두 개의 프리즘을 통과한 '사실'은 존재할 수 없을 것이다. 역사가와 현대인은 거대한 프리즘 속에 살고 있는 존재이다. 과거의 빛은 계속해서 우리를 비추는데 우리는 때로 암막을 쳐서 그 빛이 못 들어오게 하기도 하고, 때로는 과거의 빛을 분리하고 그 가운데 좋아하는 색깔만을 취하기도 한다. 역사가는 빛이 우리 눈에 파랗게 혹은 빨갛고 노랗게 보이는 이유는 빛이 어떤 프리즘을 통과했기 때문이라는 것을 알아야 하며, 원래 그 빛이 어떤 형태를 가지고 있었는지 발견해 내야 한다. 그리고 보통 사람들이 파란색을 보고 그것이 원래부터 파랗다고 하거나, 착시 현상을 일으켜 파란색을 녹색이라고 할 때 그렇지 않다고 지적해 주어야 한다. 그래서 역사는 진리를 추구하는 학문인 것이다.

역사가의 주요 임무는 무엇일까?

역사가는 사료에 남아 있는 과거의 상을 통해서 과거를 발견해야 한다. 이 작업은 사료가 명백한 경우라면 쉽겠지만 때때로 매우 힘든 일이다. 사료가 남아 있지 않으면 과거의 상이 남아 있지 않으므로 과거를 발견해 낼 수 없고, 사료가 상반된 견해를 취하고 있다면 엄격한 사료 비판을 통해서 어떤 상이 맞는가를 밝혀내야 하기 때문이다.

과거의 사실을 밝혀내는 일이 중요한 역사가의 과업 중의 하나임을 클로비스(Clovis, 465~511)의 사례를 통해서 살펴보자. 그는 서로마 제국이 멸망한 직후 프랑크 족을 이끌고 옛 서로마 지역으로 진출하였으며, 메로빙거 왕조를 창시하였다. 그의 업적 때문에 프랑크 족이 서로마 지역에서 주도권을 차지했으며, 이후 중세를 주도하는 종족이 되었다.

그런데 그의 업적 가운데 서로마 지역 정복보다 더 중요하게 평가되는 것은 가톨릭을 구했다는 것이다. 당시 서로마 지역에는 반달 족, 고트 족, 부르군트 족 등이 할거하고 있었는데, 이들은 모두 아리우스파[19] 기독교를 믿고 있었다. 가톨릭과 아리우스주의는 양립할 수 없기에 이들 중 누군가가 패권을 차지했다면 지금 유럽은 아리우스주의를 믿고 있을 것이다. 그런데 클로비스가 가톨릭으로 개종했고, 프랑크 족을 가톨릭으로 개종시키고 나서 서로마 지역(유럽 지역)을 정복했다. 그의 정복 때문에 현재 유럽은 가톨릭을 믿고 있다. 현재 유럽에서 가장 강력한 종교가 가톨릭이기 때문에 가톨릭 신앙을 구한 클로비스는 유럽사에서 중요한 인물로 취급된다.

그런데 클로비스의 개종에 대해 두 가지 상반된 사료가 전한다. 하나는 투르의 그레고리우스(Gregorius de Tours, 538~594)라는 역사가가 전하는 것이고, 하나는 트리어의 주교인 니케티우스(Nicetius, ?~563)가 전하는 것이다.

자료 1
클로틸드(클로비스의 부인)가 살아 계신 하느님의 아들이라

---

[19] 4세기 초 아리우스는 예수와 하느님이 다른 존재이고 따라서 삼위일체 교리가 잘못되었다고 주장하였다. 이에 반해서 아타나시우스는 예수와 하느님은 동일 본질이기에 다를 수 없으며 삼위는 일체라고 주장하였다. 325년 니케아 공의회에서 아타나시우스파가 정통파로 인정되었다.

고 주장하는 예수 그리스도여…… 만약 당신께서 나에게 적을 물리치게 하고 승리를 주신다면, 그리고 만약 사람들이 당신의 이름으로 경험했다고 말하는 기적의 증거를 보여 주신다면, 당신을 믿을 것이고 당신의 이름으로 세례를 받겠습니다.

– 투르의 그레고리우스

자료 2

당신은 훌륭하게 기념해야 할 당신의 할머니 클로틸드가 프란키아(현재의 벨기에 지역)에 도착한 이후에 어떻게 클로비스 왕을 가톨릭으로 이끌었는지를 들었습니다. 그는 너무나 신중한 사람이어서 진실을 알기 전에는 가톨릭을 믿으려고 하지 않았습니다. 그는 앞에서 내가 말했던 것이 진실이라는 것을 알고서는 마르티누스 성골당의 문 앞에서 겸손히 무릎을 꿇고 즉시 세례를 받기로 약속했습니다. 당신은 또한 그가 세례를 받은 후에는 이단을 신봉하는 알라리크와 곤데바우드의 왕국에 대해서 훌륭한 업적을 성취하였다는 것을 들었습니다.

–니케티우스

인용문이 짧아서 보충 설명이 필요할 것 같다. 투르의 그레고리우스에 따르면 496년 무렵 클로비스는 톨비아크에서 알라마니(게르만 족의 일파) 족과 싸웠는데, 크게 패할 위험에 빠졌다. 병사들이 죽어 가고 있는 것을 본 클로비스는 부인 클로틸드의 말이 생각났다. 클로틸드는 가톨릭 신자로 클로비스를 개종시키려고 했으며, 가톨릭의 하느님이 세상에서 가장 강력한 신이라고 말하곤 했다. 클로비스는 다급한 마음에 클로틸드가 말한 신에게 기도를 드리고, 승리를 안겨 주면 개종하겠다고 약속했다. 기도가 효험이 있었던지 클로비스는 승리했고 이후 가톨릭으로 개종했다. 자료 1은 그런 상황을 전하는 구절 가운데 일부이다.

반면 트리어의 주교인 니케티우스에 따르면 클로비스는 498년 보르도 지역에 대한 원정을 감행하였다. 원정에 성공하고 돌아오는 길에 투르에서 성 마르티누스[20] 축일을 기념하는 축제가 열린다는 이야기를 들었다. 성 마르티누스는 갈리아 지역에서 가장 영향력 있는 성인이었다. 클로비스는 이 축일 기념제에 참가하여 종교적 감흥을 받고 개종하기로 결심하였다. 자료 2는 이런 사실을 전하는 내용의 일부이다.

니케티우스와 그레고리우스가 클로비스 시절에 직접 살았

---

20) 프랑스의 수호성인이다. 4세기에 활동했던 갈리아 지역에서 수많은 기적을 행했고, 갈리아 지역에 수도원을 세워서 금욕주의를 서방에 도입한 것으로 유명하다.

던 것은 아니지만 시대적으로 얼마 떨어져 있지 않았다. 둘다 주교였으며 뛰어난 지식인이었다. 그들은 클로비스 시절의 상황이나 사건에 대해서, 특히 당시 초미의 관심과 환호를 받았던 클로비스의 세례에 대해서 잘 알고 있었을 것이다. 그럼에도 불구하고 둘은 클로비스 개종의 동기와 연대에 대해서 상반된 이야기를 전하고 있다.

과연 누가 맞을까? 둘 다 맞을 것이다. 클로비스는 496년에 승리를 안겨 준다면 개종하겠다는 기도를 했을 것이고, 498년에는 마르티누스의 축제에 참가했을 것이다. 아마도 496년에 '기도 사건'이 있었지만 여전히 개종을 하지 않고 있다가, 498년에 마르티누스 축일을 보고서 세례를 받기로 결심했을 것이다. 사실은 이러했을 것이지만 그레고리우스와 니케티우스는 강조하고 싶은 것이 달랐다. 그레고리우스는 클로비스가 콘스탄티누스처럼 큰 전투를 앞두고 기도를 했고 하느님이 힘을 주어서 승리했다는 것을 강조하고 싶었다. 반면 니케티우스는 종교적인 측면, 즉 마르티누스 숭배를 강조하고 싶었다. 따라서 '기도 사건'은 삭제하였다.

여기서 누구의 주장이 더 맞을까 심각하게 고민할 필요는 없다. 중요한 것은 역사책에 상당히 중요한 사건으로 기록된 것 가운데 연대가 파악되지 않은 것이 있으며, 그 연대를 파악하는 것, 다시 말해 사실을 발견하는 것이 역사가의 중요한 임무 가운데 하나라는 것이다.

지금도 역사가들은 '발견'하기 위한 작업을 계속하고 있다. 앞에서 살펴보았던 임나일본부설이나 동북공정을 둘러싼 논쟁도 '발견'이 완벽하게 이루어진다면 종결될 것이다. 가령 임나일본부라는 것이 없었다는 사실이 확증된다면 일부 일본인들이 맹신하고 있는 임나일본부설은 사라질 것이고, 그들이 과도한 편견과 욕심에 사로잡혔다는 사실이 밝혀질 것이다. 한국의 역사가들은 이 사실을 발견하기 위해서 끊임없이 노력해야 할 것이고, 그 노력은 결실을 맺고 있다.[21] 결국 역사에 있어서 발명은 발견 앞에서 무릎을 꿇을 수밖에 없다.

역사적 발견은 지금도 계속되고 있을까?

역사의 발견 작업은 지금도 계속되고 있다. 문서 비판에 근거한 정밀한 역사학 연구가 시작된 지 수백 년이 지났지만 아

---

[21] 2010년 3월 한국과 일본 두 나라 역사학자들로 구성된 한일 역사 공동 위원회는 임나일본부의 존재 자체가 없었다고 밝혔다. 이로써 임나일본부설은 학문적으로 공식 폐기되었다.

직도 발견해야 할 것은 너무도 많다. 새로운 문서와 새로운 사실이 현재도 계속 발굴되고 있다. 많은 학자들이 오랫동안 고문서고를 철저하게 뒤졌기 때문에 더 이상 발견이 이루어지지 않을 것 같은 분야에서도 발견은 계속되고 있다.

가령 성 아우구스티누스에 대한 연구는 기독교 문명권인 서양에서는 각종 각광받는 분야 가운데 하나이다. 중세 이래 산더미 같은 연구가 이루어졌으며, 지금도 매년 400편 이상의 논문이 쏟아져 나오고 있으며 지금까지 연구자를 모두 합한다면 수만 명이 될 것이다. 수만 명이 수백 년간 고문서를 뒤졌으니 더 이상 나올 문서가 없을 것 같다. 그러나 1975년과 1990년 두 번에 걸쳐서 대규모로 새로운 문서들이 발견되었다. 1975년에는 스물일곱 개나 되는 편지들이 발견됐고, 1990년에는 스물여섯 개의 새로운 설교들이 발견됐다. 이 때문에 아우구스티누스 연구계는 발칵 뒤집혔으며 많은 연구자들이 지금까지 잘못된 '발명'을 해 왔음이 밝혀졌다.

이 문서들이 발견되기 이전 역사가들은 아우구스티누스가 노년에는 '완고하고 엄격하며 권위적인' 태도를 취했다고 평가했다. 그가 이단들과 이교도들에 대해서 단호한 입장을 취했기 때문이다. 이런 태도는 하나의 '발명'이다. 그러나 새로운 문서들은 아우구스티누스가 노년에도 불우한 이웃들에게

섬세한 도움의 손길을 펼쳤으며, 누군가 작은 문제라도 물으면 거기에 대답하기 위해서 긴 편지를 쓰는 것을 주저하지 않았다는 것을 보여 주었다. 따라서 아우구스티누스 연구자들은 자신들이 수백 년간 잘못된 '발명'을 해 왔다는 것을 깨달았다.

또한 고고학, 고문서학, 통계학과 같은 역사 보조학이 눈부시게 성장하면서 많은 사실들이 발견되고 있다. 가령 오랫동안 한국의 역사가들은 한국 고대의 주도자 가운데 하나였던 가야의 세력 범위를 영남 지역으로 한정하여 생각하였다. 그러나 1990년 이후의 발굴 결과 장수, 남원, 진안을 비롯한 호남 동부 지역에서도 가야의 무덤과 유물들이 대량 발견되었다. 그리하여 현재 가야의 세력 경계가 새로 설정되었다.

이렇게 새로운 문서나 사실이 발견되는 것 이외에도 기존에 알려져 있던 문서를 새로 읽으면서 밝혀지는 사실도 많다. 필자는 얼마 전까지도 중세 유럽에 영주들이 초야권[22]을 가지고 있었다고 믿었다. 그런데 최근의 연구에 의하면 초야권의 존재는 16세기 법률학자들의 농담이 확대된 것일 뿐이라

---

22) 추장, 영주, 승려 등이 결혼 첫날밤에 신랑보다 먼저 신부와 잠자리를 같이 할 수 있는 권리로 미개 사회 일부에서 볼 수 있다. 중세 유럽에서는 농노들이 결혼할 때 영주가 결혼을 승인하는 조건으로 행사했다고 알려져 있다.

고 한다. 계속 문서를 읽다 보면 지금 우리가 진실이라고 믿는 것 가운데 거짓도 있다는 것을 깨달을 수 있다. 그러나 무엇보다도 역사가들의 관심이 바뀌고 있다. 19세기까지 역사가들은 정치에, 마르크스의 영향을 받은 학자들은 경제에, 아날학파[23)]의 영향을 받은 학자들은 사회 경제사, 심성사 등에 관심을 기울였지만, 1970년대 이후는 문화사라는 새로운 경향이 주도하고 있다. 관심이 바뀌면 똑같은 문서도 다른 각도에서 보게 된다. 즉 다른 프리즘이 적용되는 것이다. 다른 프리즘이 적용되면서 계속해서 사실은 새로이 발견되고 있다.

역사는 발견에서 멈추지 않는다는 말은 무슨 뜻일까?

역사가 분명 발견하는 것이기는 하지만, 우리는 어떤 역사책을 보더라도 '발견' 이외의 것이 포함되어 있다는 것을 깨달

---

23) 랑케의 사실주의 역사학에 반발하여 프랑스에서 태동한 역사학의 일파이다. 역사학에서는 정치보다는 사회 경제를, 개인보다는 집단을, 연대보다는 구조를 강조하였다. 아날학파의 등장으로 정치적 사건이나 위인들 대신 사회 경제적 구조와 변동, 집단, 계층, 계급 등이 주요 연구 대상으로 부각되었다.

을 수 있다. 어떤 역사책에서든 '발견'된 것들의 등급이 매겨져 있고, 역사가의 가치 판단이 첨가되어 있으며, 때로는 격렬한 감정이 들어 있다. 만약 발견만이 역사가의 임무라면 역사책들은 무미건조한 연대표로 꽉 채워질 것이다.

다이아몬드 원광석을 발견한 후에 세공사들이 다이아몬드를 세공하듯이 역사가는 일단 발견이 이루어지면 발견된 것들을 해석하는 작업을 한다. 역사가가 가장 먼저 하는 일은 대개 그런 사건이 왜 일어났는지를 질문하는 것이다. 1차 세계 대전은 왜 일어났을까? 토마스 모어는 왜 『유토피아』를 썼을까? 이집트 인들은 왜 피라미드를 건설했을까? 이런 질문에 대한 답의 윤곽이 잡히면 역사가는 그 사건이 당시에 어떤 의미를 갖고 있었는지, 어떤 영향을 끼쳤는지, 다른 사건과는 어떤 관계를 가지고 있는지 탐구한다. 이 작업이 끝나고 나면 그것이 현재의 우리에게 무슨 의미를 갖는지 정리한다. 이것이 해석 작업이다.

해석 작업이 끝나면 가공하는 작업이 이어진다. 어떤 역사가가 아무리 중요한 사실을 발견하고, 뛰어난 해석 작업을 했다고 해도 가공하는 작업을 하지 못한다면 그는 무능한 역사가가 되고 만다. 세공해 놓은 다이아몬드가 아무리 아름답다고 해도 아무도 사지 않는다면 아무런 소용이 없듯이, 역사가의 작품도 아무도 읽지 않는다면 어떤 의미도 가질 수 없다. 역사가가 가공을 한다는 것은 작품을 쓴다는 것을 의미한다.

역사의 가공법에는 나름대로의 규칙이 있다. 역사는 복잡한 개념이나 특정한 법칙을 이용하는 것을 금기시한다. 사회과학 책들을 펼치면 수요와 공급의 법칙, 한계 효용의 법칙 등등 법칙과 이론들이 계속 나오고 그것들을 설명한다. 그러나 아무리 두꺼운 역사책이라도 이런 법칙이 등장하는 경우는 거의 없다. 법칙을 끌어낼 때 사용하는 가정, 전제, 결론과 같은 용어도 잘 사용하지 않는다. 이것은 역사에는 이야기체 서술을 통해서 가공해야 한다는 전통이 있기 때문이다. 이야기체 서술은 할머니가 손자에게 옛날이야기를 해 주듯이 글을 쓰는 것을 말한다. 이렇게 발견된 것을 해석, 가공하는 작업은 프리즘을 통과한 빛의 선명도를 높게 하는 작업이다.

역사가 발명하는 것인가, 발견하는 것인가라는 문제에 대해서 마지막으로 하고 싶은 말이 있다. 근래 역사학의 성격을 이론적으로 연구하는 학자들은 앞에서 이야기한 사료의 문제, 역사가의 인식 문제, 역사 서술의 문제 등을 지적하면서 역사가 근본적으로 발명하는 것이라고 주장하고 있다. 그러나 역사를 직접 연구하는 전문 역사학자들 가운데 자신이 역사를 발명하고 있다고 생각하는 사람은 아무도 없다.

역사의 발견과 발명

19세기 말 근대 역사학의 아버지로 불리는 랑케는 역사가와 역사를 철저히 분리하여 역사가의 주관을 배제해야 한다고 생각했다. 랑케의 생각을 물려받았던 사람으로 영국의 역사가 액턴 경(Lord Acton, 1834~1902)이 있다. 그는 19세기 영국의 역사학계를 대표하는 학자로 케임브리지 대학의 근대사 흠정 교수(왕이 임명하는 교수직)였다. 주로 유럽 정치사를 연구했던 그는 "절대 권력은 절대적으로 타락한다."는 유명한 말을 남겼다.

액턴은 역사에서 오지 사료만이 진실이라고 생각하고, 역사가는 사료에 의거해야지 소신에 의거해서는 안 된다고 말하였다. 부지런한 학자였던 그는 생전에 누구보다도 많은 사료를 읽었다. 그러나 그가 죽어서 남긴 것은 너무나 깔끔하게 정리해 놓은 '연구 카드'뿐이었다. 책을 쓰기 위해서 그 많은 사료를 보았지만 결국 책을 쓰지는 못했던 것이다. 사람들은 그가 너무나 많은 것을 알았기에 책을 쓰지 못했다고 말한다.

액턴의 이야기는 역사가 발견인가 발명인가에 대해서 다시 생각하게 한다. 만약 그가 역사는 발명이라는 생각을 가지고 있었다면 수없이 많은 역사서를 남겼을 것이다. 자신이 쓰고 있는 것에 대해서 상대적 가치를 부여하는 것으로 만족하면 되기 때문이다. 그러나 그는 수없이 많은 '발견'을 해냈음에도 불구하고 결국은 역사서를 쓰지는 못했다. '발견'에 너무나 집착했기 때문이다. 결국 역사를 쓰고자 한다면 역사는 '발견'과 '발명'의 중간 어딘가에 있는 것이라고 생각하는 것이 타당할 것이다.

5

당파성은 역사에 어떻게 작용할까?

- 역사가는 사료의 가치를 어떻게 판단할까?
- 잔 다르크에 대한 평가는 어떻게 달라졌을까?
- 현재가 과거를 지배한다는 말의 의미는 무엇일까?
- 역사가의 당파성은 피할 수 없는 것일까?

모든 역사는 현대사다.

— **크로체**(Benedetto Croce, 1866~1952)

역사가는 사료의 가치를 어떻게 판단할까?

과거의 빛이 사료라는 프리즘에 담겨 있다. 그런데 그 프리즘은 스스로 빛을 반사하는 것이 아니다. 그 빛은 역사가가 사료를 펼치기 전까지는 무한한 어둠 속에 갇혀 있다. 역사가가 사료를 펼치는 순간 그 빛은 희미하게 빛나기 시작하지만, 사료를 읽은 역사가가 의미 없는 것이라고 판단하고 사료를 덮어 버리면 다시 어둠 속에 갇힌다. 이 비유는 역사가 본질적으로 현재의 눈을 통해서 과거를 보는 행위라는 것을 말해 준다.

그런데 역사가가 사료를 보았을 때 어떤 것을 의미 있는 것으로 인식하고 어떤 것을 무의미하다고 판단 내릴까? 역사가 자신의 관심사에 관련된 것은 의미 있는 것이고, 그렇지 않은 것은 무의미한 것이다. 그런데 현대에 살고 있는 역사가는 현재 세계가 갖고 있는 관심의 영역을 벗어나서 독자적인 관심을 가질 수는 없다. 가령 어릴 적부터 절 근처에 살고, 부모가 불교 신자인 사람은 커서도 쉽게 불교에 관심을 가질 수 있다. 그가 탑돌이를 하면서 '탑이 언제 생겼을까'라는 질문을 하는 것은 너무나 자연스러운 일이다. 그러나 기독교 문화에서 자라난 서양인이 불교 교리나 불교의 역사에 대해서 관심을 갖는 일은 드물다. 그래서 현실적으로 불교를 연구하는 사람은 동양권에 많은 반면 서양권에서는 적다. 물론 서양인이라도 영화나 책에서 불교를 접할 수 있을 것이고 그것이 계기가 되어 불교를 연구해야겠다는 생각을 가질 수 있다. 혹은 기독교 문화와 비교하기 위해서 불교를 연구할 수도 있다. 그러나 역사가가 평생 접해 본 적이 없는 문화나 인물에 대해서 연구하는 것은 매우 드문 일이다. 우리나라 역사학자들이 무엇을 연구하는지 살펴보면 이 사실을 쉽게 알 수 있다. 국사를 연구하는 사람은 수천 명이 넘지만, 인도나 몽골 제국의 역사를 연구하는 사람은 고작해야 한두 명에 불과하다.

   결국 역사가를 포함한 모든 인간은 현재의 관심과 가치관을 가지고 과거를 바라볼 수밖에 없다. 다시 말해 모든 역사가는 자신의 프리즘을 가지고 있으며, 과거는 그 프리즘을 통과해야 역사가 된다. 따라서 과거는 끊임없이 재해석되고 재평가되며, 새롭게 가치가 매겨진다.

역사의 이런 성격을 깨달은 이탈리아의 역사가 크로체(Benedetto Croce, 1866~1952)는 "모든 역사는 현대사다."라고 말했다. 그에 따르면 연대기와 문헌들은 숨 쉬지 않는 죽어 있는 것들이기에 역사가 될 수 없다. 역사는 현재와 그 속에 살고 있는 사람들의 삶에 관심을 가지고 있는 역사가가 새로이 세례를 줄 때 비로소 생명을 갖게 된다. 즉 역사는 사실을 단순히 발견하거나 기술하는 것이 아니라 사실의 가치를 재평가하는 것이다.

잔 다르크에 대한 평가는 어떻게 달라졌을까?

크로체의 말대로 하나의 사실은 끊임없이 재해석된다. 하나의 역사적 사실이 다양한 변화를 겪는다는 것을 우리는 잔 다르크(Jeanne d'Arc, 1412~1431)의 사례에서 잘 알 수 있다. 잔 다르크는 백 년 전쟁 당시 프랑스의 영웅이다. 그녀는 위기에 빠진 프랑스를 구한 영웅이었지만, 1431년 교회의 재판에서 이단으로 판정받고 화형당하였다.

그녀의 도움으로 왕위에 오른 샤를 7세(Charles Vll, 1403~1461)가 1455년 그녀를 복권시키기는 했지만, 잔 다르크는 한동안 영웅으로 대접받지 못했다. 특히 계몽주의 시대에는 조롱과 경멸의 대상이었다. 계몽주의자들은 '이성'을 철저하게 신봉했으며 종교를 부정적으로 평가하였다. 그들은 초자연적인 일이나 기적을 거부하였다. 따라서 천사를 만났다거나, 하느님의 음성을 들었다고 주장하는 잔 다르크와 그에게 넘어간 대중은 경솔하고 무지한 존재일 뿐이었다. 때문에 몽테스키외(Charles Montesquieu, 1689~1755)는 잔 다르크의 행각을 '경건을 가장한 협잡'이라고 했고, 볼테르(Voltaire, 1694~1778)는 스스로 계시를 받았다고 믿은 잔 다르크는 '불행한 바보'일 뿐이라고 주장했다. 프랑스 혁명 때 잔 다르크는 더욱 천대를 받았다. 혁명의 주도자들은 잔 다르크를 왕정과 가톨릭교회를 옹호하는 '반동'적인 인물로 평가하였다. 이 때문에 1789년에서 1792년 사이에 그녀를 기리기 위해서 세워졌던 기념물들이 파괴되었다.

잔 다르크를 진정한 영웅의 반열에 올려놓은 사람은 나폴레옹(Bonaparte Napoléon, 1769~1821)이었다. 나폴레옹은 프랑스 국민을 단합시키고 프랑스의 힘을 상징해 줄 인물이 필요했고, 특히 영국과 대립하고 있었기 때문에 영국과 싸운 인물이 필요했다. 또한 나폴레옹은 가톨릭과 화해하기를 바랐다. 잔 다르크는 이 모든 조건을 훌륭하게 충족시켰다. 따라서 나폴레옹은 그녀를 기념하는 오를레앙 축제를 다시 열도록 하고, 혁명 정부가 파괴한 기념물들을 다시 건립하도록 했다.

이 시기 가톨릭 세력도 잔 다르크를 영웅으로 만들기 위해 노력하였다. 샤를 7세 때 재판을 통해 잔 다르크를 복권시키기는 했지만, 그녀를 화형시켰던 교회가 잔 다르크를 가톨릭의 영웅으로 만들려면 추가적인 논리가 필요했다. 그래서 교회는 "잔 다르크는 신의 부름을 받고 프랑스를 구했지만 교만에 빠졌으며 그래서 신을 뜻을 거슬렀다. 하느님은 교만에 빠진 잔 다르크를 구하기 위해서 일종의 시련으로서 마녀재판을 받게 했지만, 그녀의 허물은 불로써 정화되었다."고 선언하였다.

나폴레옹이 몰락한 후 민중이 새로운 역사의 주인이라는 생각이 등장하였다. 진보적인 지식인들은 프랑스 혁명의 이념을 계승하여 민중이 주인이 되는 새로운 세상을 만들려고 했다. 그런데 이들에게도 영웅이 필요했는데, 민중의 후손이면서 지배층에게 희생당한 사람이어야 했다. 잔 다르크는 이들의 요구를 훌륭하게 충족시켰는데, 그녀는 민중의 딸이었고, 영주들과 타락한 성직자들의 배반으로 화형당했기 때문이다. 이제 잔 다르크는 신의 딸이 아니라 '민중의 딸'이 되었고, 민중의 자유와 독립을 대변하는 존재가 되었다. 이렇게 시대가 변하면서 잔 다르크에 대한 평가는 끊임없이 변했고, 그 변화는 지금도 계속되고 있다.

모든 시대가 각 시대의 필요에 따라서 잔 다르크의 특정한 모습을 강조하였다.

분명 잔 다르크에게는 여러 가지 모습이 있었다. 계몽주의 시대는 그녀의 미신적이고 무지한 측면을 강조하였다. 프랑스 혁명의 지도자들은 왕정과 가톨릭을 지지하는 화신이라고 생각했다. 나폴레옹은 그녀가 영국과 싸워 이긴 존재라는 사실을 부각시켰다. 19세기 민중의 역할을 강조하는 사람들은 그녀가 민중의 딸이라는 사실에 주목하였다.

이렇게 역사가들은 어떤 시대가 잔 다르크의 특정한 측면을 부각시키는 데 중요한 역할을 했다. 계몽주의 시대의 대표적인 역사가는 볼테르였다. 볼테르는 『오를레앙의 처녀』라는 작품을 써서 잔 다르크를 폄하했고, 무지하고 조롱받아야 할 대상으로 묘사했다. 19세기 잔 다르크를 민중의 딸로 만든 역사가는 미슐레(Jules Michelet, 1798~1874)였다. 그는 『프랑스사』에서 잔 다르크를 민중의 숭고한 화신으로 묘사하였다. 결국 크로체의 말대로 모든 역사는 현대사일 수밖에 없다.

현재가 과거를 지배한다는 말의 의미는 무엇일까?

조지 오웰(George Orwell, 1903~1950)은 1949년에 발표한 『1984』라는 작품에서 "현재를 통제하는 사람이 과거를 통제하고, 과거를 통제하는 사람이 미래를 통제한다."고 말하였다. 조지 오웰의 말대로 현재를 통제하는 사람은 과거를 통제하는 것이 가능하다. 프리즘을 통과한 빛 가운데서 자기 마음에 들지 않는 빛은 가려 버리고, 마음에 드는 것만 비추게 하면 되기 때문이다. 이렇게 과거를 통제하려는 작업은 늘 되풀이되어 왔고, 현재도 계속 진행되고 있다.

현재 일본과 중국의 역사 왜곡 문제가 심각한 사회, 외교 문제가 되고 있기 때문에 이 사실을 이해하는 것은 어렵지 않을 것이다. 과거를 지배하려는 욕구는 국가와 국가 간에만 존재하는 것이 아니라 한 나라 안에서도 표출된다. 프랑스의 역사 교과서 논쟁은 이 사실을 적나라하게 보여 준다.

프랑스는 두 가지 전통을 가지고 있었다. 하나는 가톨릭적 전통이고 다른 하나는 프랑스 혁명의 전통이다. 프랑스는 국민 대부분이 가톨릭 신자이고, 근대사의 발전 과정에서 가톨릭을 수호하는 데 앞장선 가톨릭 국가였다. 근대 초 종교 개혁의 열풍이 불었을 때 신교를 탄압하는 데 앞장섰으며, 1618년 발생한 유럽의 종교 전쟁 때는 가톨릭을 지키기 위해서 참전하였다. 또한 프랑스는 봉건 시대를 종결시키고 새로운 근대 사회를 탄생시킨 프랑스 혁명의 나라이다. 프랑스 혁명은 자유, 평등, 우애의 정신을 구현하기 위해서 구제도의 모순을 타파하려고 했다.

그런데 두 전통은 양립할 수 없는 측면을 갖고 있었다. 프랑스 혁명의 지도자들은 계몽사상에 물들어 있었고, 계몽사상에 의하면 종교는 사회악의 근본적인 원인 가운데 하나였다. 계몽사상은 인간은 본질적으로 선하고, 완전한 이성을 갖추고 있기에 평등하고 모순 없는 세계를 만들 수 있다고 믿었다. 그런데 종교와 미신이 인간의 이성이 발현되는 것을 막기 때문에 사회에 모순과 악이 팽배한다고 생각했다. 따라서 그들은 종교의 영향력이 없는 세계, 가령 인디언의 세계가 가장 이상적인 세계라고 생각하기도 했다. 이런 생각을 갖고 있던 혁명의 지도자들은 가톨릭을 박해하였다. 가톨릭교회의 재산을 몰수했고, 성직자들에게 가톨릭 신앙을 포기하고 혁명의 대의를 따를 것을 강요했고, 그렇지 않을 경우 반혁명 분자로 처형하였다. 프랑스 혁명은 자유, 평등, 인권의 개념을 탄생시킨 중요한 사건으로 기념되기도 하지만, 가톨릭에게는 악마의 화신들이 폭력의 잔치를 벌인 것에 지나지 않았다.

프랑스 혁명이 끝난 후에도 양 전통은 계속해서 대립하였다. 프랑스 혁명의 전통을 계승하고자 하는 사람들은 더 많은 인권과 평등을 요구하는 진보주의자로 활동했고, 가톨릭의 전통을 계승하고자 하는 사람들은 보수주의, 민족주의 세력과 결탁하여 기존 질서의 유지를 주장하였다.

양 진영은 정치, 사회 분야에서 못지않게 역사, 특히 역사 교과서 분야에서 대립했다. 19세기 말은 프랑스 3공화국 시절로 프랑스 혁명의 전통을 잇는 공화파가 주도하고 있었다. 공화주의자들은 초등 교육에 대해 무상 보통 교육을 실시하기로 하고 많은 공립 초등학교를 세웠다. 하지만 그때까지 교육을 주도하고 있던 사립 학교, 즉 가톨릭이 주관하고 있던 사립 학교를 폐교시킬 수는 없었다. 이 때문에 공화주의자들이 주도하는 공립 학교와 가톨릭이 주도하는 사립 학교 사이에 갈등이 생겼다.

이런 대립을 더욱 첨예하게 만든 것은 교과서를 학교별로 자유롭게 선택할 수 있게 한 제도였다. 공화주의자들과 가톨릭은 각각 자신의 가치관을 담은 교과서를 만들고 가르쳤다.

공화주의자들이 만든 교과서는 프랑스 혁명의 전통을 계승하고 애국심을 고양하는 한편 가톨릭을 공격하는 내용으로 채워졌다. 이 교과서에서는 프랑스의 자유 정신을 고양하고, 교황과 가톨릭에 맞섰던 사람들이 영웅이었다. 가령 필리프 4세(Philippe IV, 1268~1314)는 1302년에 삼부회[24]를 창설하였고, 교황의 따귀를 때렸기 때문에 영웅으로 추앙받았다. 프랑스 혁명의 지도자들은 당연히 영웅으로 묘사했으며 가톨릭의 탄압에 희생된 사람들도 영웅 대접을 받았다. 모베르 광장에서 화형당한 에티엔느 돌레(Etienne Dolet, 1509~1546)[25], 성 바르톨로메오 축일 때 암살당한 콜리니 제독(Gaspard de Coligny, 1519~1572)[26] 등이 그런 인물이다. 또한 프랑스 인은 아니지만 가톨릭에 맞섰던 마르틴 루터가 높이 평가되었다. 그는 생명의 위험을 무릅쓰고, 중세의 암흑을 몰아낸 자유 투사로 묘사되었다. 그러나 나폴레옹이나 그의 뒤를 계승한 장군들은 공화국의 이념을 짓밟았다는 이유로 압제자로 평가되었다. 오히려 그들에게 맞선 빅토르 위고(Victor Marie Hugo, 1802~1885)와 같은 사람이 영웅으로 추앙되었다.

반면 가톨릭 세력이 만든 교과서는 프랑스가 가톨릭 신앙

---

[24] 중세 프랑스에는 성직자, 귀족, 평민의 세 신분이 있었다. 삼부회는 이 세 신분의 대표들이 모인 의회이다.
[25] 진보주의자로 무신론적 사상을 펼치다가 화형당하였다.
[26] 가톨릭과 신교의 갈등이 극심했던 당시 프랑스 위그노의 지도자이다.

을 수호하기 위해 이룩했던 업적을 되새기며 찬양하였다. 반면에 가톨릭에 적대적인 행동을 했던 자들에게는 가차 없이 혹독한 평가를 내렸다. 필리프 4세는 교황 보니파키우스 8세(Bonifatius Ⅷ, ?1235~1303)에게 맞섰기 때문에 영웅이 아니라 패륜아였고, 그 때문에 프랑스는 하느님의 징벌을 받아서 백 년 전쟁에서 패한 것으로 다루었다. 가톨릭에 대항했던 대표적인 인물인 루터는 사악한 본성을 가진 자로 사탄의 앞잡이로 묘사되었다. 선교 학교의 교과서에 실린 루터의 모습은 짐승에 가까운 것이어서 어린 학생들은 그 모습을 보는 것만으로도 혐오를 느끼곤 했다. 또한 가톨릭을 탄압했던 프랑스 혁명의 지도자들도 사탄의 후예로 치부되었다. 여기서 프랑스 혁명의 지도자였던 당통(Georges Jacques Danton, 1759~1794)에 대해서 성행했던 부정적인 묘사의 한 대목을 살펴보자.

　　당통은 미라보를, 그것도 실추된 미라보의 추한 몰골과 뻔뻔함과 파렴치함을 빼닮았다. 그 대단한 선동가의 웅변에서 그는 난폭한 언사와 허풍만을 본받았다. 그는 1세대 혁명가들의 악덕, 실수, 범죄들을 한층 더 부풀린 2세대 혁명가였다. 그의 무지가 그를 시건방진 인간으로 만들었다.

당통은 마라(Jean Paul Marat, 1743~1793), 로베스피에르(Maximilien Robespierre, 1758~1794)와 함께 프랑스 혁명을 주도했던 정치가였다. 그는 특히 웅변에 뛰어났으며, 인간미가 넘쳤기 때문에 많은 사람들의 사랑을 받았다. 세계사를 배우는 사람이라면 거의 대부분이 호감을 갖게 되는 인물인 당통에 대해 이렇게 악의적으로 가르쳤다는 사실이 놀라울 뿐이다. 당통 이외에도 오늘날 영웅으로 추앙되는 칼뱅(Jean Calvin, 1509~1564), 볼테르, 마라, 로베스피에르 등도 양측에서 상반된 평가를 받았으며, 그들의 이름을 부르는 것 자체가 상대편의 편집증, 종파주의, 잘못된 믿음을 공격하는 것으로 이해되었다.

이렇게 대립된 시각을 가지고 있었던 양 진영 사이의 갈등은 1909년 폭발하고 말았다. 프랑스 주교단이 일련의 '불경한' 교과서들을 정죄하는 연판장을 돌렸던 것이다. 이후 가톨릭 세력은 민족주의자들과 손잡고 대규모 시위를 전개했으며, 불온한 교과서에 대한 화형식을 열고 수업 거부를 조직하였다. 신부들은 자신들의 권고를 따르지 않는 신도들의 자녀에게는 첫 영성체를 베풀지 않겠다고 위협했다. 물론 공화파도 가만히 있지 않았으며 언론을 동원하여 가톨릭의 대응에 반격을 가하였다. 교과서 논쟁은 이후 몇 년이나 계속되었지만 별다른 성과 없이 수그러들었다.

프랑스의 교과서 논쟁은 현재를 지배하는 자가 과거를 지배한다는 것을 명확히 보여 준다. 보통 교육이 시작되기 이전에 가톨릭이 교육을 장악하고 있었고, 그때 프랑스의 역사는 가톨릭의 시각으로 서술되었다. 그러나 공화파가 주도하는 보통 교육이 실시되면서 프랑스 역사는 프랑스 혁명의 전통에서 다시 해석되었고, 이는 가톨릭의 세계관과 대립을 일으켰다. 두 진영은 서로 과거를 자신에게 유리하게 해석하기 위해서 모든 힘을 쏟았고, 지금도 그 노력은 계속되고 있다.

현재가 과거를 지배하고, 심지어 조작하기도 한다는 것을 우리는 예수의 얼굴에서 명확히 볼 수 있다. 교회에 다니는 사람이든 안 다니는 사람이든 예수의 얼굴을 담은 사진을 본 적이 있을 것이다. 예수는 백인의 얼굴을 하고 있다.

그러나 확실한 것은 예수는 유대 인이고 유대 인은 셈 족이기 때문에 현재의 아랍계 얼굴에 가까웠을 것이다. 예수가 유대 지역에 살던 백인이었다고 해도 지금 일반적으로 알려져 있는 예수의 얼굴을 하고 있지는 않았다. 성경에 따르면 예수는 서른세 살에 죽었는데, 지금 알려진 예수의 상은 서른세 살로 보기에는 너무 중후하기 때문이다.

그런데 누구나 아주 작은 상식만 발휘한다면 알 수 있는 너무나 당연한 사실이 왜 왜곡되고 있을까? 기독교는 주로 인도 유럽계 백인이 믿었고, 그들이 만든 예수의 얼굴이 세계에 전파되었기 때문이다. 그리고 지금 세상을 그들이 지배하고 있기 때문에 왜곡이 계속되고 있는 것이다. 언젠가 흑인이 지배하는 세상이 온다면 예수의 얼굴이 흑인으로 바뀔지도 모른다.

역사가의 당파성은 피할 수 없는 것일까?

지금까지 이야기했는데도 역사가 100퍼센트 진실이라든가 객관적인 사실이라든가, 아니면 최소한 교과서에 실린 내용은 의심 없이 믿어도 된다고 생각하는 사람은 없을 것이다. 역사는 천의 얼굴을 가진 마녀이다. 역사가들은 그 천의 얼굴을 마음껏 묘사하게 된다. 아무리 금지한다고 해도 어차피 그럴 수밖에 없기 때문이다.

역사가가 당파성을 가지고 있다는 사실을 다른 말로 한다면 역사는 특정한 '누구'를 위한 것이라고 말할 수 있다. 민족과 국가를 제일 가치로 여기는 역사가도 있을 것이고, 신앙과 도덕을 제일 가치로 여기는 역사가도 있을 것이다. 계급의 이익이나 젠더(gender)의 이익을 중요하게 생각하는 역사가도 있을 것이다.

'자신'을 위해 줄 역사가를 갖지 못한 사람들, 가령 사회의 소수나 피지배자에게는 역사가 없다. 그래서 계급적으로 보면 하층 계급 혹은 민중, 성으로 보면 인류가 탄생하면서부터 남성의 지배를 받아 온 여성에게는 역사가 없었다.

역사가 없다는 것은 정체성을 갖지 못했다는 이야기이고 영원히 다른 자의 세계관을 받아들여야 한다는 것을 의미한다. 일제가 조선을 지배하고 있었을 때 조선에는 역사가 없었다. 일본인들이 만들어 놓은 식민 사관이 있었을 뿐이다. 식민 사관에 따르면 한국은 스스로 발전할 수 없고 오직 외부의 충격에 의해서만 발전할 수 있으며, 한국인들은 파당을 지어 싸울 줄밖에 모르는 바보였다. 일본인들이 한국사를 이렇게 해석하여 조선인에게 가르쳤고, 그 결과 한동안 많은 사람들이 정말 그렇다고 믿었다. 만약 일본의 조선 지배가 좀 더 오래되었다면 식민 사관은 더욱 굳어졌고 한국은 식민 사관을 벗어나기 어려웠을 것이다.

역사를 갖지 못한 계급이나 성도 마찬가지이다. 남성들은 수천 년간 여성을 지배해 왔으며 여성은 머리, 즉 이성이 없는 존재이고 스스로 사고할 수 없기에 남성의 보호와 지도를 받지 않으면 독자적으로 생존할 수 없는 존재라고 규정했다. 같은 말을 몇 번 되풀이해서 들으면 그 말이 설령 거짓일지라도 진짜처럼 들리는 법이다. 수천 년 동안 수천만 번 이런 소리를 들어 보라. 억압받는 여성들조차도 그 억압을 너무나 당연한 것으로 여기게 된다.

그래서 여성 해방 운동이 시작되었을 때 수많은 여성들이 거기에 동조하기보다는 반대했던 것이다. 여성들이 이런 편견을 지금까지도 갖고 있다는 것이 선진국을 자처하는 미국에서도 드러났다. 1972년 미국 헌법 평등권 수정안이 제안되었는데, 새로운 헌법은 "성(性) 때문에 법 앞에서의 평등권이 미국 중앙 정부나 어떤 주에 의해서도 부정되거나 박탈당해서는 안 된다."고 규정하였다. 이 헌법은 미국 국회에서는 통과되었지만 각 주의 비준을 받지 못해 폐기되었다. 그런데 놀랍게도 이 헌법의 통과에 대해서 미온적이거나 반대했던 사람 가운데 상당수가 여성이었다고 한다.

아주 최근에야 여성사라는 분야가 등장했고, 주로 진보적인 여성들을 중심으로 여성사가 연구되고 있다. 이들은 남성들이 만들어 낸 이데올로기를 차근차근 깨뜨려 가고 있다. 과거에는 남성이 힘들게 일하여 여성을 부양해 왔다는 편견이 널리 퍼져 있었다. 이 편견에 의하면 여성은 가정에서 밥이나 하고 빨래나 하며, 노동을 하더라도 하찮은 일을 하는 존재였다. 그러나 사실 여성은 인류가 탄생하면서부터 노동을 주도하였다. 가령 원시 시대 남자들이 방어와 사냥에 매달릴 때 여성은 채집을 하고 가정을 운영하였다. 농업 시대에도 여성은 남성 못지않게 노동에 참가하였다. 중세 말기의 작품인 '폭군 남편의 노래'를 보면 아내와 남편이 누가 더 힘들게 일하는가를 두고 다투는 장면이 나온다. 남편은 하루 종일 쟁기질을 하는 반면 아내는 술을 만들고, 빵을 굽고 가축을 돌보고 젖을 짜고 버터와 치즈를 만든다. 거기에 아이 돌보기, 식사 준비, 청소와 같은 집안일을 한다. 누가 더 힘들었을까?

산업 혁명 시기에도 여성은 공장 노동자로 일했다. 가령 19세기 말 면공업 분야에서 남녀 노동자의 비율은 각각 절반 정도였다. 이렇게 여성은 노동을 해 왔음에도 불구하고 노동하지 않는 존재로 규정되고, 그에 따라서 대접을 받지 못했을 뿐이다. 여성학자들이 앞으로 점점 더 많은 편견과 오해를 극복해 갈 것이고 그러면 여성도 완벽한 역사를 가지게 될 것이다. 그날이 진정 남녀가 평등해지는 날이다.

이렇듯 모든 역사가는 비록 정도의 차이는 있을지라도 당파성을 가지고 연구할 수밖에 없다. 우리는 이 사실을 명심해야 한다. 누구든지 세상에서 제대로 대접을 받고 싶은 사람은 자신의 역사가 있어야 한다. 그래서 역사가가 필요하다. 우리가 우리 역사를 연구하지 않는다면 우리에게는 역사가 없어지고, 그러면 우리는 다른 나라의 지배를 받을 수밖에 없다.

그러나 모든 역사가가 당파성을 가지고 있다고 해서 역사를 마음대로 왜곡할 수 있다고 생각하지는 말자. 역사는 결코 소설이 아니다. 사실(事實)이 제대로 밝혀지면 왜곡을 일삼는 역사학자도 굴복하게 된다. 역사의 제일 무기가 사실이기 때문이다. 마치 다이아몬드가 아니라 수정을 가공하여 최고의 다이아몬드라고 주장하던 사람이 누군가 그것은 다이아몬드가 아니고 수정이라는 것을 밝히면, 거짓 주장을 한 사람은 사기꾼이 되는 것과 같다.

이기면 충신, 지면 역적

역사에 당파성이 짙게 물들어 있다는 것을 우리는 '이기면 충신, 지면 역적'이라는 말에서 알 수 있다. 역사상 늘 승자는 선한 존재이고 본받아야 할 모범으로 묘사된 반면 패자는 늘 악한 존재이고 철저하게 매도되어야 할 대상이었다. 가령 카이사르, 알렉산드로스, 나폴레옹, 칭기즈 칸과 같은 영웅들은 누구보다 사람을 많이 죽였지만 그들의 살인은 정복이라는 명분으로 정당화되었다. 그러나 그들의 살인이 과연 정당한 것일까? 카이사르는 백만 명 이상의 사람을 죽였다. 더욱이 그는 매우 개인적인 이유로 사람을 죽이기도 했다. 그는 빚이 많았으며 그 빚을 갚기 위해서 정복 활동을 하기도 했다.

반면에 패자는 늘 도덕적으로 타락하고, 정신적으로 이상한 존재로 묘사된다. 어느 국가가 망할 때면 주색잡기에 빠진 왕이 등장하고, 사람들은 사치와 타락에 빠졌다는 이야기가 항상 나온다. 로마 제국의 멸망을 이야기할 때도 어김없이 그런 설명이 등장한다. '로마가 세계를 정복하면서 로마 인들이 사치와 향락에 빠졌고 그래서 로마가 멸망했다.'는 설명은 얼른 보면 그럴듯해 보인다. 그러나 18세기 영국의 역사가였던 기번(Edward Gibbon, 1737~1794)은 『로마제국 쇠망사』에서 귀족들의 사치는 로마 제국 멸망의 원인이 아니라 경제를 활성화시킨 요소였다고 분석하였다. 우리는 역사를 읽을 때 역사가가 승자의 입장에서 연구하는 '당파성'을 가질 수 있다는 사실을 잊어서는 안 될 것이다.

6
역사는 과학인가, 문학인가?

- 역사는 과학인가?
- 역사는 문학인가?
- 역사도 과학적 설명 방식을 사용할까?
- 역사에서 사용하는 일반화란 무엇인가?
- 그래도 역사를 문학이라고 말하는 이유는 무엇일까?

자연은 신의 작품이지만 역사는 인간의 작품이다.
— 비코(Giambattista Vico, 1668~1744)

역사는 과학인가?

전통적으로 역사는 문학의 영역에 속했다. 역사는 과거의 의미를 되새기는 명상 작업이며, 역사가가 개인의 자질을 발휘하여 그리고 개인의 세계관에 입각하여 문학적으로 과거사를 묘사하는 창작 작업으로 인식되었다. 근대 초의 합리주의 철학자인 데카르트는 이런 생각을 잘 정리했다. 그는 인간의 지식을 시, 역사, 철학, 신학의 네 분야로 나누었다. 그에 따르면 역사는 흥미와 교육을 통해서 이루어지는 것으로 인간 생활에 실제적 효용이 있는 것이다. 그러나 역사가가 과거의 사실을 삭제하거나 생략하거나 또는 추가해서 기록했기 때문에 역사는 결코 과학이 될 수 없다.

그러나 헤겔(Georg Hegel, 1770~1837)은 역사의 성격이 그

렇게 단순하지 않고, 역사에는 **과학적 성격**과 **관념적 성격** 두 가지가 섞여 있다고 말했다. 즉 인간의 일에도 자연의 일처럼 법칙적으로 일어나는 측면이 있고, 역사가 그런 법칙을 발견해 내는 일을 한다면 역사는 과학이 될 수 있다. 반면에 인간의 일은 감정과 주관이 개입되고 우연이 작용하기 때문에 법칙성이 없으며 역사가 그런 것을 연구하는 한 역사는 관념적 성격을 가질 수밖에 없다.

19세기에 역사를 비롯한 인간 과학의 과학성을 강조하려는 움직임이 일었다. 콩트(Auguste Comte, 1798~1857)로 대표되는 실증주의자들이 이런 운동을 주도하였다. 그들은 인간 세계를 자연 세계처럼 연구할 수 있다고 주장했다. 즉 인간 사회를 연구함에 있어서 사실을 확인하고 수학적인 방법을 적용하여 법칙을 발견해 낼 수 있다고 믿었다.

랑케는 이 실증주의의 주장을 역사에 도입하여 역사를 과학의 반열에 올려놓고자 했다. 그는 문헌 비판, 사료 비판을 역사학의 기본으로 확립하여, '근대 역사학의 아버지'로 불리는 영예를 얻었다. 그러나 그는 역사적 사실을 객관적으로 확인하는 작업만을 추구했고, 법칙을 추구하지는 않았다. 랑케가 법칙을 찾는 작업을 하지 않았음에도 불구하고 그에 의해서 역사가 과학성을 갖게 되었다는 것은 무엇 때문일까?

과학과 인문학의 중요한 차이점 중의 하나가 관찰자와 관찰 대상의 분리 문제이다. 즉 과학에서는 물질세계를 관찰 대상으로 삼고 있기에 관찰자인 인간과 관찰 대상이 분리되어 있다. 하지만 역사를 포함한 인문학은 인간을 관찰 대상으로 한다. 그런데 역사가도 인간이다. 따라서 역사에서 관찰 대상과 관찰자의 분리는 사실상 불가능하다. 그러나 랑케는 이 불가능해 보이는 것을 역사가의 기본 덕목으로 확립하였다.

랑케는 '모든 시대가 신과 직결된다.'고 생각하였다. 즉 그리스 시대, 로마 시대, 중세 시대 등은 모두 신과 직결된다. 불편부당하시고 공정하신 신께서 어떤 시대는 총애하고 어떤 시대는 미워한다고 생각할 수 없다. 따라서 모든 시대는 각자의 고유한 의미를 가지고 있다. 즉 각 시대를 현재의 관점으로 평가하는 것은 잘못된 것이다.

이런 역사의식을 가지고 있던 랑케는 현재의 관점, 역사가가 개인의 생각을 역사 연구에 투여하는 것을 최대한 줄여야 한다고 생각하였다. 역사가의 임무는 자신이 직접 말하는 것이 아니라 과거가 스스로 이야기하도록 만들어 주는 것이다. 이렇게 랑케는 관찰 대상인 과거가 관찰자인 역사가와는 별도로 존재한다고 생각했으며, 역사가의 주관을 삽입하지 않고 과거의 사실이 스스로 빛을 발하도록 했다. 따라서 랑케가 인식했든 안했든 그에게 있어서 역사는 하나의 **과학**이었다.

1903년 영국의 역사가 뷰리(Pol Bury, 1922~2005)는 케임브리지 대학 근대사 왕립 강좌 교수직 취임 강연에서 다음과 같이 말했다.

> 나는 여러분께 역사가 문학의 한 분야가 아님을 상기시켜 드리고자 합니다. 역사적 사실은 지질학이나 천문학의 사실들처럼 문학이나 예술을 위한 자료를 제공할 수 있습니다. …… 인류 사회의 역사에 문학적인 옷을 입힌다는 것은 역사가로서 할 일이 못 됩니다. 그것은 마치 별들의 이야기를 예술적 형식으로 표현하는 것이 천문학자로서 할 일이 아닌 것과 같습니다.

그의 강연을 한마디로 요약해 보자면 "역사학은 과학 이상도 그 이하도 아니다."이다. 그가 이런 취지의 강연을 했던 것은 당시 사학계의 흐름을 반영한 것이었다. 즉 당시 많은 사학자들이 역사가는 랑케의 가르침을 따라서 역사가 개인의 개성을 최대한 줄이고 단지 진실을 밝혀내야 한다고 생각했다. 그리고 그렇게 진실을 밝히는 과정에서 역사 연구는 과학적인 연구 방법을 사용한다. 즉 사실을 수집한 후에 귀납적인 방법으로 연구한다. 그들에게 역사는 과학적인 방법을 사용하고, 객관적인 연구 결과를 얻어 낼 수 있는 수준에 도달하고 있기에 과학이었다.

역사는 문학인가?

역사가 과학이라는 뷰리의 주장에 대해서 후에 역시 케임브리지 대학 근대사 왕립 강좌 교수가 된 트리벨리언(George Macaulay Trevelyan, 1876~1962)이 반격을 가하였다. 그는 역사에는 세 가지 기능이 있다고 생각하였다. 첫째는 사실의 수집, 사료의 취급 등과 같은 과학적 기능이다. 둘째는 추리, 선별, 분류, 일반화 또는 해석과 같은 사유적 기능이다. 셋째는 결과를 서술하고 묘사하고, 대중 교육에 적합한 형태로 풀어내는 **문학적 기능**이다. 그는 역사의 첫 번째 기능은 과학적으로 이루어지며 이 점에서 뷰리와 같이 역사도 어느 정도의 과학성을 가져야 한다고 생각하였다.

그런데 트리벨리언은 역사의 두 번째 기능에서 뷰리가 어떤 혼동을 하고 있음을 지적하였다. 즉 뷰리는 역사적 사실의 진상을 밝히는 것이 역사가의 임무라고 생각했지만, 역사는 진상을 밝혀내는 데 멈추는 것이 아니라 그것을 해석하는 것이다. 즉 사실을 입증하는 데 멈추는 것이 아니라 그 원인을 발견하고 사실들 간의 상호 관계를 밝혀내야 한다. 그리고 사실에 입각해서 어떤 구성물을 세우는 과정에서 역사가의 특별한 재능이 발휘되어야 한다. 이 작업은 역사의 세 번째 기능과 연계되며, 결국 역사는 궁극적으로 문학일 수밖에 없다.

트리벨리언은 이렇게 역사가 과학이라는 생각을 비판하면서 역사가 과학성을 추구하면서 오히려 역사의 장점을 잃고 있다고 생각했다. 그에 따르면 역사는 국민 문학의 일부이며, 일반 대중을 위한 문학으로 커다란 영향력을 행사했지만, 점차 전문가들만을 위한 학문으로 변모해 가고 있었다. 그러면서 그는 역사가가 역사의 생명인 '이야기의 기술'을 잃고 있다며 다음과 같이 말했다.

일부 저술가들은 이야기하는 법을 전혀 공부하지 않은 것 같다. 그들이 서술하는 사건에는 전혀 '흐름'이 없다. 냇물처럼 흐르지 않고 연못의 물처럼 정지해 있다. 하지만 역사의 불변의 본질은 '이야기'에 있다. 뼈 둘레에 살이 붙어 있고, 피가 흐르듯이 이야기의 둘레에 많은 상이한 것들이 모여 있어야 한다. 즉 인물 묘사, 사회적, 지적 운동의 연구, 있음 직한 원인과 결과에 관한 추측, 그리고 무엇이든 과거를 밝히기 위해, 역사가가 끄집어낼 수 있는 그 밖의 것들이 이야기의 주변에 있어야 한다. 역사라는 예술은 항상 설화의 예술로 남아 있어야 한다.

결국 트리벨리언은 역사적 사실과 역사가를 분리하려는 랑케와 뷰리의 견해에 반대하면서, 역사가는 역사적 사실을 재구성하고 설화적으로 풀어내서 대중을 위한 문학을 만들어야 한다고 주장했다.

역사도 과학적 설명 방식을 사용할까?

트리벨리언이 역사는 문학이어야 한다고 주장했지만 역사의 과학성을 추구하는 학자들은 계속 존재해 왔으며, 특히 포퍼(Karl Raimund Popper, 1902~1994)와 헴펠(Carl Hempel, 1905~1997)은 역사학의 설명 방식이 과학의 설명 방식과 똑같은 논리적 절차와 구조를 갖는다고 주장하면서 역사가 과학이라고 주장했다.

과학이 어떤 현상을 설명하는 데는 두 가지 방식이 있다.

먼저 연역적―법칙적 설명이다. 이것은 어떤 현상이 발생했을 때 그 현상에 적용되는 법칙들을 연역적으로 추론하여 설명하는 것을 말한다. 가령 어떤 실에 2킬로그램의 무게가 나가는 추를 달았는데 실이 끊어졌다. 이런 현상은 왜 발생하는가? '모든 실은 감당할 수 있는 한계 무게가 있다. 이 실의 한계 무게는 1킬로그램이었다. 따라서 실은 끊어졌다.'와 같이 설명하는 것이 연역적―법칙적 설명이다.

다른 하나는 귀납적―통계적 설명이다. 이것은 수많은 사례를 통계적으로 분석하여 얻는 법칙으로 어떤 현상을 설명한다. 가령 "철수가 무좀에 걸렸는데 연고를 발랐더니 나았다. 철수는 왜 나았는가? 연고를 바른 사람들은 90퍼센트가 나았다. 그렇기 때문에 철수도 나았다."고 설명할 수 있는데 이와 같은 방식이 귀납적―통계적 설명이다.

역사가 과학이라고 주장하는 사람들은 역사가들도 이런 과학적 설명 방식을 이용하고 있다고 말한다. 역사가가 어떤 현상을 우연으로 돌리지 않고 설명하고자 한다면 그는 어떤 선행하는 혹은 동시에 일어났던 조건 때문에 그 일이 일어났다고 설명할 것이다. 가령 "게르만 족은 로마의 영토가 따뜻하고 비옥했기 때문에 로마로 쳐들어왔다."는 진술은 "사람들은 좀 더 나은 생활 조건을 제공하는 지역으로 이주하기를 원한다."는 보편적인 가설에 근거하고 있다. 그런데 이 가설은 매우 타당성이 높은 하나의 법칙이라고 할 수 있다. 이 경우 역사는 연역적─법칙적 설명 방식을 사용하고 있다.

그런데 대다수 역사가들은 과학의 방법을 사용하고 있으면서도 자신은 과학과 다른 별도의 방식으로 현상을 설명하고 있다고 느낀다. 이것은 역사가들이 이용하는 보편적인 가설 혹은 일반 법칙이 너무나 상식적이고 보편적인 것이기 때문이다. 가령 "이탈리아의 신부였던 브루노는 갈릴레오보다 먼저 태양 중심설을 이야기하다가 파문당한 후 화형당해서 죽었다."라는 진술은 "인간은 강한 열을 받으면 죽는다."는 보편인 법칙에 근거하고 있다.

이렇게 포퍼와 헴펠은 역사가 인과 관계를 일반화된 법칙에 의하여 설명한다고 주장했다. 포괄 법칙론자(Covering Law Model of Explanation)라고 불리는 이들은 역사적 사실을 설명함에 있어서 역사가의 개성이나 주관을 완전히 배제하고, 대신에 일반 법칙을 이용하고자 했다. 가령 "영국 여왕 메리가 어린 엘리자베스를 왜 죽이려고 했는가?"[27]라는 질문을 던진

---

27) 헨리 8세의 딸 메리와 엘리자베스는 이복 자매이다. 헨리 8세가 죽고 왕위를 계승한 메리의 견제로 엘리자베스는 한때 탑에 갇혀 살아야 했다.

다면, 왕들은 왕위에 위협이 되는 존재를 제거하려는 속성을 갖고 있다는 어떤 보편적인 법칙에 의해서 설명하려고 했다.

역사에서 사용하는 일반화란 무엇인가?

지금까지 랑케와 뷰리가 역사는 과학적인 방법을 이용해야 한다고 주장했고, 포퍼와 헴펠이 역사가 이용하는 방법이 과학이 이용하는 방법과 동일하거나 매우 유사하다고 주장했다는 것을 살펴보았다. 그런데 역사가 이렇게 유사한 방법을 이용할 뿐만 아니라 유사한 결과를 내놓는다면 역사는 과학에 훨씬 더 가까워질 것이다. 카(Edward Hallet Carr, 1892~1982)는 『역사란 무엇인가』에서 바로 이런 입장을 견지하였다.

그러나 카는 랑케에서 헴펠에 이르는 사람들이 가지고 있었던 대전제, 즉 역사적 사실과 관찰자를 최대한 분리시킬 수 있다는 생각에서 출발하지 않았다. 그는 오히려 역사의 해석에는 역사가의 편견과 주관이 반드시 개입될 수밖에 없다는 것, 따라서 역사적 사실과 역사가는 분리될 수 없다는 것을 적극적으로 주장하였다.

그럼에도 불구하고 카가 역사가 과학이라고 주장할 수 있었던 것은 과학의 가설과 법칙에 대해서 새로운 생각을 제시했기 때문이다. 사실 과학자들은 20세기 초반부터 과학의 법칙이 절대적 진리가 아니라 하나의 가설이라는 것을 인정하게 되었다.

먼저 아인슈타인은 1905년 발표한 상대성 이론을 통해 관찰자와 관찰 대상이 분리될 수 없는 것임을 밝혔다. 즉 지구의 중력장 안으로 들어오는 우주선은 지구에서 보면 원운동을 한다. 그러나 우주선 안에 있는 사람은 자신이 직선 운동을 하고 있다고 생각한다. 이것은 지구의 중력 효과 때문에 지구 주위의 공간이 휘어져 있기 때문이다. 이것은 하나의 현상이 관찰자에 따라서 다르게 보인다는 것, 따라서 관찰자와 관찰 대상이 분리될 수 없다는 것을 입증하였다.

또한 20세기 초에 발달한 양자 역학은 과학 법칙의 위상을 크게 바꿔 놓았다. 양자 역학은 원자보다 작은 입자들의 구조와 활동 방식을 통계학적으로 다루는 학문이다. 그런데 양자 역학은 원자가 그보다 더 작고, 구별되고, 이론적으로는 눈에 보이게 할 수 있는 입자들로 구성되었다는 고전적인 생각을 포기하게 만들었다. 원자보다 작은 입자들, 특히 전자의 위치와 질량을 동시에 측정하는 것은 불가능했다. 전자가 입자인 동시에 파동이었기 때문이다. 1927년 이 사실을 깨달은 하이

젠베르크(Werner Heisenberg, 1901~1976)는 불확정성의 원리를 발표하였다. 하이젠베르크에 따르면 우리는 입자에 대해서 모든 것을 정확히 알 수 없다. 우리가 입자의 특징 일부에 대해서 더 많이 알면 알수록 다른 특징에 대해서는 더 적게 알게 될 것이다. 그리고 관찰 행위 자체가 관찰자와 관찰 대상의 상호 작용을 수반하기 때문에 하나의 계(system)나 물체를 관찰하는 행위가 관찰 대상을 변화시킬 수 있다. 결국 이렇게 과학도 관찰자와 관찰 대상을 분리할 수 없으며, 과학의 법칙도 하나의 확률일 가능성이 인정되었다.

카는 이런 변화에 주목하고 과학의 가설이나 역사의 가설이 놀라운 유사성을 가지고 있다고 주장한다. 과학은 정보를 수집하고, 가설을 세우고, 실험하고, 가설을 수정하고, 결론을 끌어내는 방식으로 연구한다. 역사도 마찬가지이다. 가령 막스 베버(Max Weber, 1864~1920)는 자본주의 초기 발달에서 종교가 끼친 영향에 관한 자료를 수집하였다. 그리고 기독교와 자본주의의 발전 사이에 깊은 상관관계가 있을 것이라는 가설을 세웠다. 그리고 다시 추가로 자료를 수집했고 기독교 가운데서도 프로테스탄티즘이 자본주의 발달에 큰 영향을 끼쳤음을 밝혔다. 물론 프로테스탄티즘이 자본주의 발달과 깊은 연관이 있다는 것은 하나의 가설이며 또 계속해서 수정되어야 할 것이다.

바로 이 대목에서 카는 한 걸음 더 나아가는데 역사는 이런 가설을 계속해서 수집해 가는 작업이라고 생각한 것이다. 그렇게 과학적인 방법을 통해서 입증된 가설은 하나의 **일반적인 진술**, 혹은 **일반화**(generalization)라고 볼 수 있다. 역사가들은 자신이 개별적인 것, 일회적인 것을 다룬다고 생각하지만 그 가운데서 끊임없이 일반적인 진술(혹은 일반화)을 끄집어내고자 한다. 가령 프랑스 혁명의 과정을 연구하면서 소수의 강경파가 혁명을 주도한다는 가설을 끄집어내고, 이를 프랑스 혁명, 미국 혁명과 비교하여 연구한 후에는 그런 가설이 맞다고 결론 내릴 수 있다. 그러면 이 가설은 일반 진술, 혹은 일반화가 된다. 역사가들은 계속해서 이런 일반 진술을 끄집어내고, 또 자신의 연구에서 사용하기를 주저하지 않는다. 이 사실을 16세기 근대 국가의 발전에 대해서 부르크하르트(Jacob Christopher Burckhardt, 1818~1897)가 지적한 말을 통해서 확인해 보자.

신흥 국가일수록 정지해 있기가 어렵다. 첫째, 그러한 나라의 건립자들이 빠르게 진행되는 추가의 개혁에 익숙하고, 그들이 본질적으로 혁신자들이기 때문이다. 둘째, 그들이 일으키거나 정복한 세력들은 오직 추가의 폭력을 통해서만 움직이기 때문이다.

여기서 부르크하르트는 크게 보아 네 가지의 일반 진술 혹은 일반화를 이용하고 있다. 가령 신흥 국가의 건립자들이 빠르게 진행되는 개혁에 익숙하다는 서술은 하나의 일반회이다.

누구도 역사가가 왜 그런 일반화를 사용했는지 항의하지 않는다. 결국 카에 따르면 역사는 과학의 연구 방법을 동원하여, 과학의 가설과 유사한 기능을 하는 가설을 도출해 낸다. 그리고 추가의 연구를 통하여 그 가설이 맞는지 확인한다. 따라서 역사는 과학이다.

그러나 카가 논리적 비약을 범한 부분이 있다. 과학에서 관찰자와 관찰 대상이 분리될 수 없고, 과학의 법칙이 하나의 가설로 인정되고 있는 것은 분명하다. 그러나 과학에서는 만약 관찰자가 같은 시점, 같은 장소에 있다면 동일한 결과를 얻게 된다. 즉 지구에서 지구 안으로 들어오는 우주선을 바라볼 때, 누구에게는 직선으로 보이고 누구에게는 곡선으로 보이는 일은 일어나지 않는다.

그러나 역사에서는 같은 사료를 보더라도 다른 결론을 내릴 수 있다. 즉 과학에서보다 관찰자의 중요성이 훨씬 크다.

그리고 양자 역학은 원자보다 작은 입자들의 세계에 적용되는 것이지 일상생활에는 적용되지 않는다. 우리 일상생활에서 과학의 법칙은 모든 것에 적용되는 보편성을 갖고 있다. 가령 만유인력의 법칙을 생각해 보자. 만유인력의 법칙은 M_1과 M_2의 질량을 가진 어떤 두 개의 물체는 질량이 증가함에 따라서 증가하고 거리(R)의 제곱에 반비례하는 힘(F)으로 서로 끌어당긴다는 것을 의미한다. 일상생활에서 이 법칙의 적용을 받지 않는 물체는 존재하지 않는다. 그러나 일반화의 경우 높은 확률을 의미하지 모든 사람이나 사건에 적용되는 것은 아니다. 추울 때 옷을 따뜻하게 입지 않으면 감기에 걸릴 수 있지만, 그렇지 않은 사람도 얼마든지 있다. 따라서 역사를 과학으로 보는 것은 한계를 가질 수밖에 없다.

더욱이 역사가 일반화를 사용한다는 사실이 역사가 과학이라는 사실을 의미하지는 않는다. 과학에서 사용하는 일반화와 역사에서 사용하는 일반화가 크게 다르기 때문이다. 뭉뚱그려 생각하기 쉽지만 일반화를 정교하게 분석해 보면 네 가지 수준이 있다. 먼저 어의적(語義的) 일반화이다. 이는 가장 단순하고 낮은 수준의 일반화로서 민족이나 국가의 개념에 해당된다. 이 정도 수준의 일반화는 모든 역사가들이 사용한다. 두 번째는 집단 서술(groupings of statement)인데, 특정 시대나 인물을 추상적으로 표현하는 것이다. 가령 "세종 대왕 시절에 조선은 문화 경제적으로 매우 번성하였다."와 같은 진술이 이에 해당된다. 세 번째는 도식화(schematization)이다. 이는 역사적 사실을 어떤 과정이나 제도로 꿰어 맞추는 일이다. 산업화, 도시화와 같은 개념이나 자본주의, 노예 제도와 같은 개념을 이용하는 것을 말한다. 네 번째로 형이상학적 역사(meta-history)이다. 이는 구체적인 사건이나 시대를 넘어서 세계의 이면에 있는 거대한 힘이나 법칙을 찾아내는 것이다. 가령 역사는 신의 의지에 따라서 발전한다는 생각이 이에 해당한다. 역사가는 첫 번째와 두 번째 일반화를 일상적으로 사용한다. 그러나 세 번째 일반화에 사용된 도식을 발명해 내는 일은 매우 주저하며, 네 번째 일반화는 거의 사용하지 않는다. 따라서 세 번째 수준 이상의 법칙이나 일반화를 일상적으로 사용하는 과학이나 사회 과학과는 다르다.

그래도 역사를 문학이라고 말하는 이유는 무엇일까?

랑케 이래로 역사가 과학이라고 주장하는 사람들이 있어

왔다. 그들의 주장이 약간의 반향을 일으키기는 했지만, 그렇게 큰 성공을 거두지는 못했다. 랑케와 뷰리가 주장했던 객관적인 역사는 결코 실현된 적이 없다. 역사가들은 끊임없이 시류와 세태에 휘말리며 주관과 편견을 가지고 역사를 서술해왔다. 역사가 과학이기를 희망했던 카가 이 사실을 인정했으며, 그것은 역사가가 개인적 자질이 부족해서가 아니라 본질적으로 가지고 있는 한계라고 인정하였다. 포퍼나 헴펠은 역사가 포괄 법칙을 사용하기에 과학적이라고 주장했다. 그러나 그들 자신이 역사는 과학과는 다른 어떤 것을 포함하고 있다는 것을 인정했다. 가령 포퍼는 역사에서는 인과 관계가 없는 사건들이 우연히 동시에 일어나기도 하기 때문에 설명이 불가능한 것이 있음을 인정했다. 카는 앞에서 설명했듯이 과학의 법칙이 가지고 있는 가설의 지위를 너무나 낮게 평가했다. 비록 과학의 법칙이 확률적인 것이라고 해도, 역사에서 끄집어낼 수 있는 일반화의 확률과는 비교할 수 없이 높다. 나무에 달린 사과는 반드시 밑으로 떨어져야 하지만 "왕은 왕위 경쟁자를 죽이려고 한다."는 일반화가 모든 왕에게 적용되는 것은 아니다. 이렇게 역사가 과학이라는 주장은 여러 단점을 가지고 있다.

따라서 트리벨리언 이후 많은 역사가들이 역사는 문학이라고 생각했던 것은 자연스러운 것이다. 역사가 문학이라고 생각하는 사람들은 역사가의 자율성, 연구 대상의 특수성, 일반화의 위험성을 강조한다.

역사가의 자율성을 강조하는 사람들은 역사 연구에 있어서 역사가의 주관을 배제할 수 없으며, 어떤 측면에서 그 주관성은 긍정적으로 평가해야 할 것이라고 생각한다. 가령 한 역사가가 2004년 메이저리그의 역사를 쓴다고 가정해 보자. 이해 아메리칸리그 챔피언십 시리즈에서 보스턴 레드삭스와 뉴욕 양키스가 겨루었다. 뉴욕 양키스가 3승을 먼저 거뒀다. 이제 한번만 지면 보스턴은 완전히 패하는 것이다. 보스턴은 9회 초까지 3대 4로 뒤지고 있다가 9회 말에 동점을 이루었고, 연장 12회 말에 타자 오티스가 끝내기 2점짜리 홈런을 쳐서 역전승을 거두었다. 이후 보스턴은 내리 3연승하여 월드시리즈에 진출했고, 월드시리즈에서도 우승하였다.

역사가는 보스턴이 월드시리즈에서 우승했다는 것을 알고 2004년 메이저리그의 역사를 쓴다. 그런데 오티스가 끝내기 홈런을 치는 순간을 어떻게 묘사할 것인가? 역사가의 자율성을 최대한 줄이고 "오티스가 끝내기 홈런을 쳤다."라고 묘사해야겠는가? 야구 경기를 중계하는 아나운서처럼 흥분하여 고함을 지르지는 않더라도 최소한 "오티스가 꺼져 가는 레드삭스의 불을 다시 붙였다. 이때부터 보스턴 선수들의 투혼이 살아나기 시작했다. 오티스의 홈런은 단순한 2점짜리 홈런이 아니라 보스턴을 월드시리즈 우승자로 이끌 잔 다르크였다."라고 써야 되지 않겠는가?

연구 대상의 특수성은 역사의 연구 대상이 인간이라는 것을 말한다. 과학적 법칙으로 인간을 설명할 경우 인간이 합리적으로 행동해야 한다. 모든 인간이 제멋대로 행동할 경우에는 인간 행동의 규칙성이나 법칙성을 찾을 수 없다. 모든 인간이 어느 정도의 합리성을 가지고 있고, 대부분 합리성에 기초해서 행동하는 것은 사실이다. 그러나 인간의 행동을 좌우하는 것은 이성이 아니라 감성일 수 있다. 보스턴과 양키스의 전력이 2대 8로 양키스가 우세하다고 생각해 보자. 이럴 경우 양키스가 열 번 싸우면 여덟 번 이겨야 한다. 그러나 실제 경기를 해 보면 보스턴이 8승을 거둘 수도 있다. 인간은 칭찬을 받거나 사기가 오르면 원래 그의 능력보다 더 많은 역량을 발휘할 수 있기 때문이다. 보통 사람들은 횡단보도에서 파란불일 때 건너간다. 그런데 어떤 이유에서든 빨간불일 때 건너가는 사람도 있다. 때로는 아무런 생각 없이 빨간불에 건너가다 죽는 사람도 있다. 이 문제에서 꼭 짚고 넘어가야 하는 사람이 콜링우드(Robin George Collingwood, 1889~1943)이다. 영국의 역사가인 콜링우드는 사료에 남아 있는 것은 사실이 아니라 사실에 대한 기록자의 생각이라는 것을 강조하였다. 역사란 결국 그 생각을 재구성하고 평가하는 일이며, 따라서 "모든 역사는 사상이다."라는 결론을 내렸다. 역사가 단순히 과거의 사실을 재구성해 내는 것이 아니고, 그 사실을 겪었던 사람의 생각을 재구성해 내는 것이라면 역사 연구는 이성의 영역 안에서만 이루어질 수는 없다. 생각에는 애국심, 우정, 인정, 사랑, 도덕과 같이 이성적으로 설명할 수 없는 것들이 포함되어 있기 때문이다.

일반화의 위험이라는 것은 두 가지 측면에서 생각해 볼 수 있다. 먼저 역사가 행하는 일반화가 과학적 법칙의 수준에 도달하지 못한다는 것이다. 이에 대해서는 앞에서 충분히 설명했다. 그리고 역사가는 모든 사건을 일반화하기 위해서 노력하지는 않는다. 오히려 어떤 사건의 특수성을 강조하려고 한다. 가령 역사가가 프랑스 혁명을 설명할 때, 프랑스 혁명은 여러 혁명 가운데 하나였고 혁명에서 일반적으로 발생하는 법칙에 의해서 진행되었다고 생각하지 않는다. 그런 점을 지적하기도 하지만 프랑스 혁명만이 가지고 있는 독특한 성격과 독특한 의미를 강조하려고 한다. 가령 프랑스 혁명은 지구상에 일어났던 모든 혁명 중에서 가장 중요한 혁명이었고, 봉건 사회를 종식시키고 근대 사회를 연 획기적인 사건이라고 생각할 수 있다.

　이외에도 과학의 지식과 역사의 지식이 축적되는 방식이 다르다는 지적이 있다. 과학의 지식은 과거의 지식 위에 사다리처럼 쌓인다. 과학자들은 이전 과학자들이 이룩한 지식 위에 새로운 지식을 쌓는다. 그러나 역사가들은 이전 역사가들의 업적을 부정하고 새로운 지식을 창출해 내고자 한다. 이전 역사가가 아무리 완벽하게 사실을 밝혀냈다고 해도 그의 진술에는 그가 살았던 시대의 인식이 담겨 있다. 후대의 역사가는 전대의 역사가가 밝혀 놓은 사실을 이용하지만 자기 시대의 요구에 따라서 새로운 해석을 내놓아야 한다.

　또한 과학은 도덕적 판단을 내리지 않는데 반해서 역사는 도덕적 판단을 내린다는 주장도 있다. 일부 연구자들은 역사가가 도덕적 판단을 내리는 것을 금기시한다. 이들에 따르면 고대의 노예 소유주를 비난해 보아야 아무런 소용이 없다. 노예제가 어떻게 생겨나서 발전했으며, 어떤 기능을 했는지를 밝혀내는 것이 중요하다. 그러나 도덕은 인간 사회가 추구하는 중요한 덕목이고, 어느 사회든 도덕적인 인간을 요구한다. 만약 역사가가 히틀러와 같은 악인에 대해서 악인이라고 판단하지 않는다면 어떻게 되겠는가? 중국의 역사가들이 그랬듯이 역사가는 때로 포폄의 원칙을 세워서 비도덕적이고 비인륜적인 행위를 비판할 줄 알아야 한다.

결국 역사는 역사가가 자율성을 가지고 과거를 판단하고, 과거의 사실을 예술적으로 재구성하는 문학일 수밖에 없다. 그러나 역사가 완전한 문학은 결코 아니다. 소설이나 시에서는 잘 썼다, 못 썼다는 기준을 적용할 수는 있겠지만 '거짓이다, 참이다'라는 기준을 적용할 수는 없다. 어떤 소설이 사실에 근거하지 않았다고 해서 형편없는 소설이 되는 것은 아니다. 그러나 역사에는 '참이다, 거짓이다'라는 기준이 적용된다. 이는 역사 연구가 특히 자료의 수집과 해석에 있어서 높은 수준의 과학성에 기반하고 있기 때문이다. 이 과학성을 제대로 갖추지 못한 연구는 수준에 도달하지 못한 연구이다.

그리고 역사도 문학처럼 상상력을 동원한다. 그러나 문학의 상상력에는 한계가 있을 수 없지만 역사의 상상력에는 한계가 있다. 문학의 일부인 소설은 가공의 인물을 설정하는 '상상력'을 발휘할 수 있다. 그러나 역사는 결코 그런 과도한 상상력의 발휘를 허용하지 않는다. 이렇게 역사는 과도한 상상을 하지 않는다는 측면에서 순수 문학과는 차이가 있다. 결국 역사는 과학과 문학 사이에 있는 어떤 것이지만 문학 쪽에 좀 더 가깝다고 말할 수 있을 것이다.

역사와 우연의 문제

'역사가 과학인가 문학인가'와 긴밀히 연계된 문제가 '역사에서 우연의 문제'이다. 역사가 우연적인 요소로 가득 차 있다면 결코 과학적으로 설명할 수 없을 것이기 때문이다. 역사가 우연에 의해서 이루어진다는 것을 상징적으로 보여 주는 말은 "클레오파트라의 코가 조금만 더 낮았더라면 세계사가 바뀌었을 것이다."라는 파스칼의 주장이다. 이 말은 클레오파트라는 한 개인이 우연히 미모를 타고 태어나서 역사적인 영웅들(카이사르, 안토니우스)을 매혹시켰고 그 때문에 역사의 흐름이 바뀌었다는 것을 의미한다. 과연 역사에서 우연이 미치는 영향은 얼마나 클까? 얼핏 보면 우연이 매우 중요한 역할을 하는 것 같다. 역사에는 그런 사례가 무수히 많다.

가령 슈타우펜베르크(Stauffenberg) 사건이 있다. 슈타우펜베르크는 2차 대전 당시 독일군의 대령이었다. 그는 히틀러 정권의 부도덕성에 대해서 심각하게 고민하고 있었다. 독실한 가톨릭 신자였던 그는 히틀러 정권의 유대 인 학살과 종교 탄압을 간과할 수 없다고 생각했다. 1944년 7월 그는 결단의 시기가 왔다고 생각하고 히틀러 암살 음모를 꾸몄다.

7월 20일 슈타우펜베르크는 시한폭탄이 든 가방을 들고 이른바 '여우의 굴집'이라고 불리는 히틀러의 비밀 본부로 들어갔다. 그는 시한폭탄을 두고 '여우의 굴집'을 무사히 빠져나왔고, 시한폭탄은 정확하게 터졌으며 여러 명이 죽고 다쳤다. 그런데 히틀러는 가벼운 부상만 입었다. 모든 것이 그의 계획대로 되는 듯했지만 딱 한 가지가 다르게 진행되었던 것이다. 슈타우펜베르크는 시한폭탄을 탁자 가장자리에 놓고 회의장을 빠져나왔다. 그대로 시한폭탄이 터졌더라면 히틀러가 죽었을 텐데, 누군가가 탁자에 앉으면서 가방을 탁자 중앙 쪽으로 밀었다. 그래서 폭탄은 정확하게 터졌지만 히틀러가 죽지 않았던 것이다. 누군가가 아무 생각 없이 가방을 발로 미는 우연이 이 사건에서 결정적인 역할을 했다.

이렇듯 언뜻 보면 우연이 역사에서 매우 중요한 역할을 하는 것 같다. 그러나 길게 보면 그렇지 않다. 1944년 7월 20일 히틀러가 죽었다면 2차 세계 대전이 좀 더 빨리 끝났을 지도 모르지만 히틀러가 죽지 않았다고 해서 전쟁의 승패가 달라지지는 않았을 것이다. 또 히틀러보다 더 악독한 사람이 지휘권을 물려받아서 전쟁을 더 오래 끌었을지도 모르는 일이다. 결국 역사에서 우연이 작용하는 것은 사실이지만 그것은 역사를 움직여 가는 하나의 요소이지 결정적인 변수라고 보기는 힘들다.

7

역사는 왜 배우는가?

- 역사가 재미있게 느껴지는 이유는 무엇일까?
- 역사가 주는 간접 경험이란 무엇일까?
- 도덕을 추구하는 역사의 문제점은 무엇일까?
- 역사를 통해 미래를 예측할 수 있을까?
- 공동체의 정체성과 역사는 어떤 관계일까?
- 역사를 통해 사고력을 키울 수 있을까?
- 우리는 왜 역사를 배우는가?

나라는 멸망시킬 수 있지만 역사를 없앨 수는 없다.

— 박은식(朴殷植, 1859~1925)

역사가 재미있게 느껴지는 이유는 무엇일까?

고대에서부터 지금까지 많은 사람들이 역사를 쓰고 읽어 왔다. 여러 가지 이유가 있겠지만 많은 사람들이 역사를 읽으면서 재미를 느꼈다. 데이비드 흄은 "상식이나 상상이란 면에서 어떤 즐거움이 역사와 비교될 수 있겠는가?"라고 말하였다. 그는 트로이 전쟁에 관한 이야기를 읽는 것을 즐겼으며 독서에 열중하고 있을 때 큰 기쁨을 얻는다고 말했다. 그리고 17세기에 피에르(Pierre Le Moyne)라는 프랑스 사람은 "왕은 의사도 포기해서 효과 없이 약만 축내고 있는데, 현재의 문제들에서 관심을 딴 곳으로 돌리게 하는 로마 역사 1회분을 복용하고 곧 병이 나았다."고 전한다.

그런데 역사를 읽으면서 재미를 느꼈던 사람들은 왜 재미를 느꼈을까? 역사가 무한한 상상의 장을 제공한다는 것을 첫 번째로 지적하고 싶다. 기원전 218년 로마와 싸웠던 한니발(Hannibal, B.C.247~?B.C.183) 장군은 코끼리를 이끌고 알프스를 넘었다. 맨몸으로도 넘기 힘든 험준한 알프스를 병장기를 갖추고 코끼리를 데리고 넘어가는 장면을 읽으면서, 독자들은 자신이 어느덧 한니발 장군이 되어 있거나 아니면 한니발 장군의 병사가 되어 있다는 느낌을 받을 것이다. 그 순간 피에르의 말대로 우리는 일상의 권태나 힘듦을 잊고 모험을 떠나는 것이다. 그 순간 재미를 느끼지 않을 사람은 드물 것이다.

두 번째로 역사는 궁극적으로 자신의 이야기이다. 옛날 사진이나 일기장을 꺼내 놓고 아스라한 추억에 미소를 지은 경험이 있을 것이다. 인간은 옛날에 보람 있었던 일, 감동스러웠던 일, 때로는 힘든 일을 떠올리면서 자신이 누구인지를 한 번 더 깨닫게 된다. 우리 모두는 인류의 일원이고 역사는 인류가 걸어 왔던 발자취이다. 사람들은 그 발자취를 더듬으면서 인류가 어떻게 살아왔으며, 자신이 누구인지를 깨닫게 된다. 그 깨달음의 순간에 재미를 느끼게 되는 것이다.

세 번째로 역사는 인간의 호기심을 만족시켜 준다. 인간은 태생적으로 호기심을 가지고 있기 때문에 어떤 것이 어떻게 생겨났는지 궁금해한다. 그리고 인간은 사회적 동물이기 때문에 끊임없이 다른 사람의 삶에 대해서 관심을 가지고 있다. 다른 사람의 삶을 아는 것은 곧 자신의 삶을 비교할 수 있는 수단을 얻는 것이기도 하다. 역사가 수많은 사람들의 삶의 다양한 모습을 보여 줄 때 사람들은 '이런 사람도 있구나, 이렇게 살 수도 있구나.'라는 생각을 하면서 재미를 느낀다.

사실 이 문제에 대해서 정해진 답은 없다. 역사가들은 역사가 재미있어야 한다고 이야기하면서, 재미있으려면 쉽게 써야 한다고 이야기할 뿐 어떤 요소를 적극적으로 살리면 재미있을 것인지, 역사를 좋아하는 사람들은 왜 재미를 느끼는지 조사해 본 적이 없다. 따라서 여기에 제시된 이유들 말고도 여러 가지 이유가 있을 것이다. 분명한 것은 많은 사람들이 역사를 읽으면서 재미를 느껴 왔고, 앞으로도 그럴 것이라는 것이다.

역사가 주는 간접 경험이란 무엇일까?

역사는 오랜 전통을 가진 학문이다. 동양과 서양 모두 이미 고대 때부터 역사를 중요한 학문으로 평가했으며 아동들의 교과 과목에도 역사를 꼭 포함시켰다. 도대체 왜 역사를 쓰고 읽었으며, 가르치고 배웠던 것일까?

인간은 집단이든 개인이든 경험을 판단의 제1 기준으로 삼는다. 아침에 눈을 뜨자마자 세수를 한다든가, 횡단보도에서 파란불일 때 건너간다든가, 비가 오면 우산을 쓴다든가 등의 행위를 생각해 보자. 이런 행위를 하기에 앞서 심각한 고민을 하면서 시간을 보내는 사람은 거의 없을 것이다. 거의 아무런 고민을 하지 않고 행동을 하는데 그것은 모두 경험이 있기 때문이다. 만약 경험이 없는 인간이 있다면 어떻게 될까? 횡단보도를 건널 때 어떻게 해야 할지 한참 고민하면서 시간을 보내야 할 것이다.

역사는 지금까지 인류가 축적해 온 경험의 총체이다. 낯선 곳을 처음 갈 때, 누구든 먼저 이곳을 가 본 사람은 없을까 생각하고 혹시 그런 사람이 있다면 경험담을 들어 보기 마련이다. 유럽에 갔다 온 경험으로 아프리카 여행을 준비할 수는 없는 것이다. 마찬가지로 우리는 어떤 행동을 결행하기 이전에 똑같은 상황에 처했던 사람이 없는가를 조사해 볼 수 있다.

2차 세계 대전 중인 1942년 6월 22일 히틀러는 러시아를 공격하였다. 히틀러의 독일군은 눈부신 성과를 거두면서 모스크바 앞까지 진격했지만 모스크바를 함락하지 못한 채 겨울을 맞았다. 소련은 겨울이라는 일기를 효율적으로 이용하여 독일군에게 반격을 가했고 결국 독일군에게 치명적인 타격을 가했다. 그런데 히틀러에 앞서 나폴레옹이 1812년 5월 29일 러시아를 원정했다. 그는 모스크바까지 점령했지만 러시아의 추위 때문에 많은 병사를 잃었고 동계 작전에서 실패함으로써 결국 후퇴해야 했다.

이런 전례를 잘 알고 있었던 히틀러와 참모들은 소련 침공을 계획하면서 나폴레옹의 사례를 연구했다. 그들은 러시아에서 겨울 전투를 벌이는 것은 불리하다는 것을 알고 있었다. 그렇지만 그들은 나폴레옹보다 더 늦은 6월 22일에야 공격을 시작했다. 전차 부대를 앞세운 독일군은 나폴레옹 군대보다 빨리 진격할 수 있을 것이라고 생각했기 때문이다. 그러나 예상보다 독일군의 진격 속도가 느렸기 때문에 히틀러는 결국 나폴레옹의 전철을 밟고 패하고 말았다.

과거의 경험을 활용하지 못한 인간은 계속 실패할 수밖에 없다. 진창길로 가면 옷이 더렵혀진다는 것을 경험하고도, 계속 진창길을 간다면 어리석은 사람이다. 이렇듯 과거에 일어났던 일은 현재에도 일어나고 있으며, 미래에도 일어날 것이다. 그래서 일찍이 이슬람 역사가 이븐 할둔(Ibn Khaldūn, 1332~1406)은 "물 한 방울이 다른 물 한 방울을 닮은 것보다 과거는 미래를 더욱 닮았다."고 말했다. 이 말은 인간의 본성이 근본적으로 변하지 않을 것이므로 과거에 일어났던 일들이 미래에 또 일어난다는 것을 의미한다. 그의 말대로 현대인은 메소포타미아 인, 그리스 인, 십자군들, 고조선인과 크게 다르지 않다. 그들보다 더 훌륭하지도, 더 나쁘지도, 더 재치 있지도 않다. 다만 물질 환경이 변했을 뿐이다.

이렇듯 인간의 본성이 변하지 않으며, 과거사가 반복된다는 것을 알기 때문에 사람들은 풍부한 과거의 경험을 제공하는 역사를 공부한다. 가령 그리스의 역사가 투키디데스(Thucydides, ?~?)는 『펠로폰네소스 전쟁사』를 쓰면서 "이미 일어난 일들과 언젠가 똑같이 또는 유사하게 다시 일어날 일들에 관해 명백한 진리를 얻기 원하는 자들이 나의 글을 유익하다고 판단한다면 나는 그것으로 충분하다."고 말했다.

그러나 역사가 과거의 일에 대한 경험을 제공한다는 주장에는 주의해야 할 것이 있다. 중세 말 근대 초 사회 변화를 추동했던 인물들을 보면 예전에는 찾아볼 수 없는 새로운 것을 주장했다. 가령 영국 농민 반란의 지도자 와트 타일러(Wat Tyler, ?~1381)[28]와 그를 추종하던 반란군은 농노제를 폐지

---

28) 영국 사상 최대의 농민 반란을 지휘하였다. 반란군은 한때 런던을 점령했지

하고 새로운 세상을 건설하려고 했다. 그런데 이들은 자신이 새로운 것을 추구한다는 것을 인식하지 못했으며, 오히려 자신들의 행위가 먼 옛날의 이상 사회를 복원하는 것이라고 생각했다. 가령 타일러가 이끄는 반란군의 표어는 "아담이 밭을 갈고 하와가 길쌈을 할 때 지주가 어디 있었는가?"였다. 이 말은 아담이 밭을 갈던 먼 과거가 가장 이상적인 세상인데, 인류가 타락함으로써 그 이상적인 세계에서 멀어졌기에 그 이상적인 세계로 다시 돌아가야 한다는 것을 의미한다.

이렇게 타일러가 새로운 개혁을 추구하면서도 스스로 그것을 인식하지 못하고 과거로 돌아가자고 외친 것은 그가 아직 순환론적 사고 방식을 벗어나지 못했기 때문이다. 순환론적 세계관은 인간사의 모든 일들이 반복적으로 일어나며, 모든 종족, 국가, 심지어 인류 전체의 역사가 일정한 사이클을 가지고 반복된다고 주장한다. 마치 한 인간이 태어나서, 성장하고, 늙고, 죽으면, 다른 인간이 다시 태어나는 것과 같다. 이런 사고관은 전근대 농업 사회에 알맞은 것이다. 사실 농업 사회에서는 하늘 아래에 새로운 것이 없었다. 하루가 반복되고, 계절이 반복되고, 일 년이 반복되면서 인간은 자연의 주

만, 와트 타일러가 왕의 책략에 걸려 죽음으로써 반란이 끝났다.

기에 맞춰 살았다.

  이런 세계에서 사람들은 과거를 이상적으로 바라본다. 동서양을 막론하고 많은 사람들이 아주 옛날에 인류의 황금시대가 있었지만, 인류가 타락하면서 차례로 은, 동, 철 시대가 도래하게 되었다고 생각했다. 따라서 개혁을 추구하는 사람들은 논리나 비전으로서 새로운 세상을 보여 주는 것이 아니라 과거의 이상적인 상태로 돌아가자고 말했던 것이다. 가령 공자는 극기복례(克己復禮)를 주장했다. 이 말은 자기를 극복하고 예로 돌아가자는 뜻인데, 여기서 자기는 현재를 말하고 예는 예가 지켜지던 옛 시절을 이야기한다.

  그러나 18세기에 발생한 산업 혁명은 물질적인 측면에서 인류 삶의 구조를 근본적으로 변경시켰다. 자고 나면 새로운 것이 생기고 자고 나면 또 새로운 것이 생기는 상황에서 모든 것이 반복되고, 순환한다고 말할 수 있을까? 물론 여전히 반복되는 것이 더 많겠지만 반복되지 않는 무언가가 갈수록 많이 생기는 것은 확실하다. 따라서 반복되는 것에 대해 교훈을 제공한다는 역사의 효용은 시간이 흐를수록 점차 작아질 것이다.

도덕을 추구하는 역사의 문제점은 무엇일까?

과거의 경험을 제공한다는 것은 간접 경험을 제공함으로써 인간을 지혜롭게 만든다는 것을 의미한다. 이와 비슷해 보이지만 역사가 도덕의 거울이라고 주장하는 것은 역사를 배우면서 권선징악의 도덕을 깨닫게 된다는 것을 의미한다. 이는 동서양을 막론하고 역사가들이 역사를 서술할 때, 그리고 역사를 가르칠 때 염두에 두었던 주요 목적이었다.

영국의 사회 사상가인 토마스 홉스(Thomas Hobbes, 1588~1679)는 "역사의 중요한 기능은 선은 상을 받고 악은 벌을 받는다는 사실을 인식시키는 것이다."라고 말했다. 그의 말은 중세 및 근대 초 역사가들의 생각을 대변하는 것이었다. 그들은 세계 역사가 신의 섭리에 따라서 진행되며, 역사가는 신의 섭리가 구현되는 것을 연대기적으로 기록하는 것이었다. 따라서 그들에게 역사는 도덕적 예증을 통하여 신의 뜻을 전하는 것이었다.

계몽주의 시대와 낭만주의 시대에 역사의 주체가 신이 아니라 인간이라는 생각은 확연하게 자리 잡았다. 그러나 역사가 도덕을 가르치는 것이라는 생각은 그대로 살아남았으며, 19세기 유럽 어디에서나 당연하게 받아들여졌다. 19세기 영국의 역사가였던 액턴은 역사를 "분쟁의 중재자, 길 잃은 자에 대한 지침, 세속적 권력과 종교적 권력에 의해 저하 일로에 있는 도덕적 표준의 선양자"로 만들어야 한다고 주장했다. 그의 말대로 19세기 영국의 역사는 도덕을 가르치는 무기였다. 그런 예 가운데 하나가 좋은 왕과 나쁜 왕을 분별하기 위해 만든 『어린이의 능력에 맞춘 알기 쉬운 영국사 문답집』이다. 이 문답집은 미리 어떤 왕은 좋은 왕이고 어떤 왕은 나쁜 왕이라고 명백하게 규정지어 놓고 그것을 교리처럼 암기하도록 했다. 그러면서 나쁜 왕은 망하고 벌을 받으며, 선한 왕은 복을 받는다고 반복해서 가르쳤다.

　19세기 프랑스에서도 상황은 비슷했다. 당시에는 『도덕실화』 모음집이 있었다. 이 책은 고대와 프랑스 역사 속의 유명한 인물이나 이름 없는 사람들의 생애에서 끌어낸 도덕적인 일화들을 묶어 놓은 것이었다. 이 책에서 유명하지 않는 사람들의 이야기가 포함된 것은 유명한 사람들뿐만 아니라 모든 사람들이 도덕적 삶을 살아야 한다는 것을 가르치기 위해서였다. 이 책이 교훈을 목적으로 삼았기 때문에 모차르트와 같은 신동들은 기인이나 초인간적인 능력을 가진 인물로 묘사되지 않았다. 그들은 맡은 일을 척척 해내는 착한 아이였고, 타고난 재능을 끈질긴 노력으로 발휘한 사람이었다.

그러나 역사의 주요 기능을 도덕 교육과 권선징악으로 규정한 것은 서양보다 동양에서 훨씬 더 강했다. 중국의 공자(孔子, B. C. 551~B. C. 479)는 어떤 측면에서 보면 최초의 역사가 가운데 한명이었다. 그는 기원전 722년에서 기원전 481년까지의 일을 담은 『춘추』라는 역사책을 썼는데, 이를 두고 맹자(孟子, B. C. 372~B. C. 289)는 "세도인심(世道人心)이 거칠어져 가는 것을 개탄하여 선사는 『춘추』를 지었다. 그것을 읽고 난신적자(亂臣賊子)들은 부끄러워하고 두려워하였다."고 말하였다.

 공자의 『춘추』를 난신적자들이 두려워했던 것은, 그 책이 포폄(褒貶)의 원칙에 의해서 씌어졌기 때문이다. 포폄은 찬양과 비난이라는 뜻으로, 누군가의 행동에 대해서 잘한 것은 칭찬하고 잘못한 것은 비난한다는 뜻이다. 따라서 모범적인 역사가는 사실을 그대로 적는 것이 아니라 옳고 그른 것을 가려서 포폄을 해야 한다.

 기원전 7세기 진(晉) 나라의 군주 영공은 포악한 인물이었다. 재상이었던 조돈은 곧은 인물이었지만 생명의 위협을 느끼고 도망쳤다. 그런데 그의 사촌 조천이 폭군 영공을 살해하였다. 국경을 넘기 전 이 소식을 들은 조돈이 돌아왔는데, 진의 사관 동호는 "조돈이 군주를 죽였다."고 기록하였다. 이에 조돈이 항의하자 동호는 "그대는 정경(正卿)으로 있으면서 도망했고, 돌아와서도 적을 치지 않았으니 군주를 죽인 자가 그대가 아니고 누구인가."라고 했다. 이에 대해서는 공자는 "동호는 훌륭한 사관이요, 서법에 거리낌이 없다."고 말했다. 이후 동호는 모범적인 역사가로 추앙받았다.

결국 중국의 역사가들은 원래 역사를 기록할 때부터 인물과 사건에 대해서 도덕적인 판단을 내리는 것을 주요 임무로 생각했으며, 역사를 배우는 것은 바로 이 도덕적인 판단을 배움으로써 충신과 효자를 기르는 것이었다.

중국의 이런 역사관은 우리나라에도 그래도 전해졌다.『삼국사기』를 쓰면서 김부식(金富軾, 1075~1151)은 이렇게 말했다.

우리나라에는 역사가 기록되지 않아…… 임금의 선함이나 악함, 신하들의 충성함과 사악함, 국가의 평화로움과 위태로움, 인민들의 순종과 반란 등을 모두 잘 드러내어 뒷사람들에게 경계를 권할 수 없다. 마땅히 재주와 학식을 갖춘 인재를 얻어 한 나라의 역사를 이룩하여 이를 만세에 남겨 주는 교훈으로 하여 일원성신과 같이 밝히고 싶다.

김부식은 역사가 본보기(귀감)를 제공하는 것, 특히 도덕적인 본보기를 제공하는 것임을 명확히 밝혀 놓았다. 이렇게 동서양을 막론하고 오랫동안 역사는 권선징악의 사례를 제시하는 것으로 여겨져 왔다. 그러나 여기에는 주의해야 할 점이 있다.

  도덕의 관점에서 역사를 바라보는 사람들은 필연적으로 역사를 왜곡하게 되어 있다. 항상 착한 사람은 복을 받고 악인은 벌을 받는 것은 아니기 때문이다. 실제로는 악인들이 복을 받고, 착한 사람들은 벌을 받는 경우도 많다.

  도덕을 강조하는 입장에서 쓰여진 역사책에 빠짐없이 등장하는 주제 가운데 하나는 멸망 직전에 있는 나라의 임금은 도덕적으로 타락했다는 것이다. 백제의 마지막 왕인 의자왕은 삼천 궁녀를 데리고 주색잡기에 빠졌고, 충신들을 벌하고 악신들을 가까이한 것으로 유명하다.『삼국사기』의「백제본기」의자왕 16년 조에 의자왕이 타락했다는 내용을 담은 기사가 있다.

    봄 3월에 왕이 궁녀들을 데리고 음란과 향락에 빠져서 술 마시기를 그치지 않으므로 좌평 성충(成忠)이 극력 말렸더니 왕이 성을 내며 그를 옥에 가두어 버렸다. 이로 말미암아 감히 말하는 자가 없었다.

이 기사를 보면 의자왕은 정말 한심한 인간인 것 같다. 곧 나라가 망할 텐데 주색잡기에 빠져 있었으니 말이다. 그러나 실은 의자왕은 효심이 지극해 해동증자(海東曾子)의 별칭을 받고 삼십 개 성을 정복한 용감한 임금이었다는 것은 너무나 잘 알려진 사실이다. 삼천 궁녀라는 말은 삼국 시대를 다룬 어떤 역사책에도 나오지 않으며, 조선 중기의 한 시인이 지은 시에 등장한다. 이후 역사책에는 아무런 고증도 없이 이 시의 내용이 사실인양 서술되었다.

우리는 여기서 도덕을 강조하는 사람들이 의자왕에 대한 부정적인 이미지를 만들기 위해 사실을 왜곡했다는 것을 알 수 있다. 그러나 사실 의자왕이 타락한 왕이었는지, 혹은 효성 깊은 왕이었는지는 그다지 중요하지 않다. 임금이 몇 번 연회를 베풀었다고 해서 망하는 나라는 없을 것이다. 백제가 멸망한 진짜 원인은 고구려와 손잡고 당에 맞섰기 때문이다. 『삼국사기』를 쓴 김부식은 "당나라 천자가 두 번 조서를 내려 백제와 신라 사이의 원한을 풀라고 하였으나 겉으로는 순종하는 체하면서 안으로는 위반함으로써 대국에 죄를 졌으니 백제가 패망한 것은 당연한 일이었다."고 전하면서 백제 멸망의 원인이 당에 맞선 것임을 명확히 했다. 결국 도덕을 추구하는 역사는 인간사의 모든 것을 도덕에 환원시켜 버림으로써 어떤 사건이 진정 왜 발생했는가를 탐구하는 데 방해물이 될 수 있다.

역사를 통해 미래를 예측할 수 있을까?

앞에서 역사가 간접 경험을 제공한다는 것을 살펴보았다. 인간은 과거의 간접 경험을 통해서 현재 혹은 가까운 미래에 어떻게 행동해야 할지 배울 수 있다. 그런데 이 주장을 조금 더 진척시켜 역사가 삶의 교훈을 제시한다는 것에서 멈추지 않고 미래의 예측을 가능케 한다는 주장이 있다. 카는 『역사란 무엇인가』라는 책에서 "역사는 일반화를 통해서 비록 개별적인 예언은 아닐지라도 미래의 행동을 위한 타당하고도 유용한 일반적인 지침을 마련할 수 있다."고 말했다.

역사가 미래의 예측을 가능케 한다는 것이 특정한 사건이 곧 일어날 것을 예언하는 것을 의미하지는 않는다. 인간은 절대 특정한 사건을 예언할 수는 없다. 즉 누가 언제 죽을 것이라든가, 올해는 누구에게 좋은 일이 생길 것이라는 사실을 예언할 수는 없다. 역사가 미래를 예측할 수 있다는 것은 어떤 조건이 주어졌을 때 어떤 사건이 발생했다는 과거의 경험을 미래에 투사하는 것이다. 가령 역사가는 흑사병을 비롯한 전염병의 발생에 대해서 연구할 수 있다. 그리고 인구 집중이 심하고, 위생 상태 및 영양 상태가 좋지 않아서 그런 전염병이 발생했다는 결론을 얻을 수 있다. 그런데 현재의 특정 지역을 보았더니 중세 유럽에 흑사병이 발생했을 때와 비슷한 상황에 있다는 것을 발견하였다. 그럴 경우 역사가는 이 지역에서 머지않아 전염병이 발생할 가능성이 높다고 예측할 수 있다. 이것이 역사가 미래를 예측할 수 있다는 말의 의미이다.

역사가 미래를 예측한다는 말의 의미를 **'J곡선 이론'**을 통해서 살펴보자. J곡선 이론은 1962년 데이비스(James Davies)가 제시한 것으로 혁명이 왜 일어나는가에 대한 것이다. 일찍이 공산주의를 창시한 마르크스(Karl Heinrich Marx, 1818~1883)는 하층민이 더 이상 감내할 수 없을 정도로 경제적 억압이 심할 때 혁명이 일어난다고 주장했다. 그러나 그의 예측과 달리 억압이 가장 심하고, 하층민들이 최악으로 몰린 상황에서 혁명이 일어나지 않았다. 가령 1930년대 대공황이 세계를 휩쓸었고, 노동자 농민들은 최악의 상황을 맞았지만 세계 어느 곳에서도 혁명이 일어나지 않았다.

데이비스는 경제적 요소가 혁명을 일으키는 데 중요한 요소이기는 하지만, 거기에 심리적 요소를 함께 고찰해야 한다

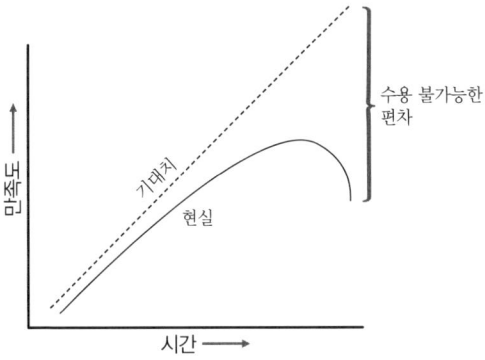

고 주장했다. 그의 주장에 따르면 한 개인이나 집단의 생활 조건이 점차 개선되면 기대 수준도 점차 더 높아진다. 그런데 기대 수준은 멈추지 않고 계속해서 더 높아지는데, 무슨 이유에서든 갑자기 생활 조건이 악화되는 일이 발생한다. 그러면 기대 수준과 실제 생활 수준 사이에 큰 간극이 발생한다. 이때 혁명이나 사회적 불안이 발생한다. 생활 수준이 떨어지는 것이 J자를 닮았다고 해서 이 이론은 'J곡선 이론'이라고 불린다.

 J곡선 이론이 나온 후 연구자들은 여든네 개 국가들의 사례를 분석하여 경제가 장기간 발전하다가 짧은 기간 후퇴를 겪을 때 '상대적 절망감'이 생기면서 혁명이 발생하거나 사회적 불안이 고조된다는 것을 밝혔다.

 물론 J곡선 이론은 과학의 법칙처럼 절대적으로 확실한 것은 아니다. 다만 이전의 혁명과 사회 운동을 분석한 결과 그런 경향이 있었다는 것을 밝힌 것이다. 어쨌든 역사가가 과거의 혁명을 분석하여 이런 결론을 얻었다면, 어떤 비슷한 조건에 처한 사회를 보고 머지않아 그 사회에서 혁명이 일어나거나 사회적 불안이 고조될 것이라고 예측할 수 있다.

사실 이 이론에 따르면 우리나라가 지금 그런 상황에 처해 있다. 우리나라는 IMF 이전에 고도 성장을 해 왔지만, 몇 년 전부터 저성장 시대를 맞았다. 그러면서 국민들의 기대 수준은 크게 떨어지지 않았지만, 실제 생활 수준은 많이 낮아졌다. 특히 한국 사회에서는 '상대적 좌절감'이 점점 커지고 있다. 경제는 전반적으로 좋지 않지만 특정 계층은 초호황을 누리고 있다. 이 때문에 사회 곳곳에서 상대적 좌절감을 표출하는 목소리가 커지고 있다. 따라서 J곡선 이론이 맞다면 한국 사회에서 머지않아 큰 사회적 격변이 일어날 것이다.

역사가 미래를 예측할 수 있다는 주장은 바로 이런 것이다. 과거의 사건들을 종합적으로 분석하여 어떤 일반화를 끌어낸 후에 그 일반화를 미래에 투영하는 것이다. 그러나 역사를 공부한다면 과연 미래를 예측할 수 있을까? 이 주장에는 심각한 문제가 있다. 역사가 미래를 예측할 수 있으려면 일반화를 끌어내야 하는데, 일반화라는 것은 높은 확률의 가능성에 지나지 않는다. 그리고 높은 확률이라는 것은 대단히 주관적인 것이다.

다시 J곡선 이론을 생각해 보자. 이 이론은 실제로 발생했던 혁명이나 대규모의 사회 운동을 분석하면서 수립되었다. 그러나 J곡선 이론의 조건을 충족시키는 경우에도 혁명이 일어나지 않은 사례는 얼마든지 있다. 가령 로마 제정 시대를 생각해 보자. 팍스 로마나[29] 시대(기원후 1~2세기)에 로마는 유례없는 호황과 번영을 누렸다. 그렇다가 3세기에 외적의 침입과 전염병으로 경제가 크게 악화되었다. 그러나 3세기에는 어떤 혁명도 일어나지 않았다. 마찬가지로 지금의 한국 사회가 J곡선 이론의 조건과 비슷한 상황에 처해 있지만, 한국 사회에서 혁명이 일어날 가능성은 거의 없다. 데이비스가 분석한 사회들과 한국 사회가 근본적으로 다르기 때문이다. 그가 분석했던 것은 주로 서구 사회에서 일어났던 혁명이었던데 반해서 한국은 유교 문화권에 속한다. 유교 문화권에서는 사회나 국가보다 가족이나 친척이 위기에 처한 사람을 돕는 기능이 더 강하게 발휘된다. 따라서 한국 사회에서는 갈

---

[29] 라틴 어로 '로마의 평화'라는 뜻으로 기원전 1세기 말 아우구스투스가 내란을 수습하고 제정을 수립한 때부터 약 200년 간의 안정된 시기를 가리킨다.

등이 서구 사회보다 덜 표출되는 것이다. 결국 역사에서 어떤 법칙을 찾아내고자 하는 것, 즉 일반화는 대단히 어려운 문제이다. 물론 매우 포괄적인 일반화는 가능할 것이다. 가령 누군가 "강자와 약자의 대립은 항상 있었기에 앞으로도 있을 것이다."라고 말한다면 누구든 수긍할 것이다. 그러나 그런 보편적이고 포괄적인 주장은 역사를 공부하지 않아도 누구든 할 수 있을 것이다. 따라서 역사가 미래를 예측할 수 있다는 주장은 일부 역사가들의 희망이지 실제로 가능한 것은 아니다.

지금까지 대부분의 역사가들은 미래에 대한 예측을 하지 않았지만 예측을 시도한 역사가들도 있다. 그런 사람 가운데 한 명이 영국의 역사가인 폴 케네디(Paul Kennedy, 1945~)이다. 그는 1987년에 쓴 『강대국들의 흥망』에서 역사상 강대국들의 쇠퇴에는 일정한 패턴이 있다고 주장하면서, 그 패턴에 따라서 20세기가 지나면 미국은 세계 지배권을 유지할 수 없을 것이고, 소련이 조만간 붕괴하지는 않을 것이라고 예견하였다. 그러나 그의 예견은 둘 다 틀렸다. 소련은 얼마 가지 않아서 붕괴하였고, 미국의 세계 지배는 전혀 흔들릴 조짐을 보이지 않고 있다. 케네디의 사례는 역사가의 예언이 얼마나 위험한가를 잘 보여 준다.

공동체의 정체성과 역사는 어떤 관계일까?

역사가 공동체의 정체성을 확립하는 데 크게 기여한다는 주장이 있다. 이것은 사람들이 공통의 과거를 가지게 됨으로써 동류의식, 동질 의식을 가지게 되고, 서로 협동하게 된다는 것이다. 역사가 공동체의 정체성을 확립하는 데 도움이 된다는 주장은 매우 설득력 있는 주장이다. 우리나라 사람들은 이것을 쉽게 이해할 수 있을 것이다. 일본이 독도가 일본 땅이라고 주장했을 때 전 국민들이 열광적으로 독도 지키기에 나섰고, 중국이 동북공정을 내세우면서 고구려를 중국의 역사로 만들려고 했을 때 전 국민이 분노했다.

사실 과거부터 오늘날까지 거의 모든 사회의 학교에서 역사는 필수 과목이다. 그리고 역사 교육의 목적도 조상의 업적을 되새기고 애국심을 고양하는 것이었다. 근대가 되면서 역사가 애국심을 고양하는 학문이라는 생각은 더욱 강해졌다. 에르네스트 라비스(Ernest Lavisse, 1842~1922)의 『프랑스사 예비 강의』에는 이런 구절이 있다.

> 어린아이들의 정신 속에 고귀하고 위대한 기억들의 양식을 넣어 주자. 그러면 그 기억들은 범속한 삶을 뛰어넘도록 아이

들을 길러 줄 것이며, 우리가 그 아이들에게 조국에 헌신하는 것은 의무이며 나라가 기울도록 내버려 두는 것은 수치라고 이를 때 그 말들이 마음속에 저절로 와 닿을 것이다.

영국이나 미국도 역사가 애국심을 고양한다는 것을 높이 평가하였다. 가령 19~20세기 초 미국의 역사 교육의 목적은 '좋은 미국인'을 만드는 것이었다. 특히 이민자들에게 유럽 문화 대신에 미국에 적응하고, 애국심을 고취하는 것이 큰 과제였다.

조상들의 업적과 조상들이 하나의 운명 공동체로 살아왔음을 가르치는 것만으로도 역사는 애국심을 고양시킬 수 있다. 오늘날 한국인들이 일본의 잘못된 처사에 대해서 뜨거운 열정으로 대응하는 데에는 국사 교육의 공이 클 것이다. 역사의 이 기능을 절대 무시해서는 안 된다. 언젠가 민족과 국가가 사라질 날이 올지 모르겠지만 현재 세계는 그렇지 않다. 민족과 국가 들 사이의 장벽은 여전히 두터우며 그 사이에는 격심한 경쟁이 벌어지고 있다. 강대국들은 끊임없이 약소국을 자기 세력하에 두면서 이용하려고 있다. 어떤 천진난만한 사람들이 있어서 우리가 먼저 민족의식을 없애고 세계 인류를 모두 동포처럼 대하자고 주장하고, 그런 사람들의 주장에 한국 사람들이 모두 동조한다면 어떻게 될 것인가? 일본이나 중국이 제일 좋아할 것이다. 겉으로는 형제처럼 대해 준다고 합병하자고 한 후에 온갖 차별을 일삼을 것이다.

그러나 공동체의 정체성 확립이나 애국심을 과도하고 무리하게 고양하는 일은 없어야 할 것이다. 그렇게 되면 맹목적인 애국심과 국수주의가 판치게 될 것이다. 궁극적으로 역사는 왜곡될 수 없는 것이며, 왜곡했다는 것이 드러나는 순간 치욕이 뒤따르게 되어 있다. 넘치는 것은 모자라는 것만 못한 법이다.

역사를 통해 사고력을 키울 수 있을까?

역사를 왜 배우는가에 대해서 마지막으로 생각해 볼 문제는 역사적 사고력이라는 것이다. 교육의 근본적인 목표는 학습자로 하여금 지식을 체득하는 한편 체득한 지식을 현실에 이용하고, 나아가 스스로 지식을 생산할 수 있는 능력을 키워 주는 것이다. 지식을 체득하는 것은 단순 암기로 가능하지만, 체득한 지식을 이용하고 스스로 지식을 생산해 내기 위해서는 사고력이 필요하다. 흔히 수학이나 물리와 같은 과학이나, 아예 논리를 전문적으로 배우는 철학이 사고력을 키우기에 좋은 학문으로 알려져 있다. 그러나 그 어떤 과목 못지않게 역사는 사고력, 특히 비판적 사고력을 키우는 데 좋은 학문이다.

역사를 통해서 사고력을 신장시키려면 학습자로 하여금 역사가가 하는 일의 일부를 맡게 해야 한다. 앞에서 살펴보았듯이 역사는 끊임없이 비판하고 논쟁하는 학문이다. 학습자가 이 비판과 논쟁에 참가한다면 사고력 신장에 큰 도움이 될 것이다.

키플링(Joseph Rudyard Kipling, 1865~1936)의 『백인의 짐』이라는 시를 사료로 이용해서 역사를 연구하는 구체적인 절차를 살펴보자. 먼저 그의 시 일부를 살펴보면 다음과 같다.

> 백인으로 무거운 짐을 지라.
> 그대들의 가장 훌륭한 자식을 보내라.
> 그대들이 정복한 자들에게 봉사하기 위해
> 그대들의 자식에게 유랑의 설움을 맛보게 하라.
> 소란스러운 양 떼들
> 광폭하고, 반은 악마와 같고, 반은 어린아이 같은
> 고집불통인 새 식민지에 와서 일하여

무거운 수레를 끌도록 하라.

키플링은 인도 태생의 영국인으로, 노벨 문학상을 받은 뛰어난 시인이자 소설가이다. 이 시를 읽고 아무 생각 없이 키플링의 생각을 그대로 받아들인다면 제국주의 시대 백인들이 봉사 정신을 가지고 아시아와 아프리카에 와서 희생했다고 생각할 수 있다. 그러나 이 시를 역사 자료로 이용하려고 한다면 많은 논쟁이 생긴다. 먼저 키플링의 주장이 사실인지 자료 비판을 해야 한다. 과연 키플링의 주장대로 백인들은 봉사하기 위해서 아시아와 아프리카로 갔는가? 식민지인들은 광폭하고, 반은 악마와 같은 존재인가?

자료 비판을 끝낸 다음에는 이 사료를 어디에다 쓸 것인지를 정해야 한다. 키플링의 주장이 사실이라고 판단했다면, 자신의 판단을 뒷받침할 추가 자료를 수집하고 논리를 개발해야 한다. 그 후에 제국주의가 백인의 일방적인 착취가 아니라 사실은 백인의 자기희생으로 이루어졌다는 주장을 담은 논문을 써야 한다.

사실이 아니라고 판단 내렸다면 백인들은 황인종과 흑인을 착취하면서도 겉으로는 봉사하는 척했다는 것을 뒷받침하는 자료로, 혹은 19세기에 만연했던 백인 우월주의를 뒷받침하는 자료로 이용할 수 있을 것이다. 마찬가지로 이 주장을 뒷받침할 수 있는 다른 자료와 논리를 개발하고, 그런 주장을 담은 논문을 써야 한다. 이렇게 사료를 이용하여 어떤 주장을 수립했다면 이제 상반된 견해를 내린 상대방과 논쟁을 벌여야 한다. 자기주장이 옳다는 것을 입증하지 못한다면 논문이 아무런 의미가 없을 것이기 때문이다. 이상의 과정을 간략하게 정리하면 '자료 읽기-자료 비판-주장 세우기-추가 자료 구하기-논문 쓰기-다른 의견 비판하기'와 같다.

만약 수업 시간에 이 자료를 주고 제국주의에 대한 글을 쓰게 한다면 학생들의 분석력, 비판력은 분명히 높아질 것이다. 학생들은 누가 어떤 말을 할 때 그대로 믿어서는 안 되며, 말의 요지를 끄집어내서 분석하고 비판해야 한다는 것을 깨달을 것이다. 그리고 그 사람의 주장과 논리에 동의하거나 반대할 자기 나름대로의 근거를 개발할 것이다. 이렇게 역사는 훌륭한 탐구 학습, 토론 학습의 대상이며, 그것을 통해서 분석적이고, 비판적인 사고력을 키울 수 있다.

역사는 또한 사고력의 일환인 상상력을 키우는 데도 좋은 역할을 할 수 있다. 중세 영국에는 왕이 병을 치료할 수 있다는 믿음이 성행했다. 많은 사람들이 왕의 신체에 접촉하면 병이 낫는다고 생각하고, 왕의 취임식이나 취임 축하연 등에 왕을 만지기 위해서 런던으로 몰려들었다. 이런 현상을 보고 중세 영국인들은 어리석고 미신을 믿었기 때문에 왕의 치료를 믿었다고 결론 내린다면 단편적 사고에 머무르게 되는 것이다. 역사가는 현상의 표면이 아니라 이면을 읽어야 하며, 현상이 갖고 있는 사회적 의미를 읽어 내야 한다. '왕의 치료'라는 현상이 어떻게, 왜 생겨났으며, 당시에 어떤 의미를 갖고 있었는가를 파악해야 한다.

그런데 우리가 이 현상을 이해하고자 한다면 우리는 병 치료를 받기 위해서 왕에게 몰려갔던 사람들의 마음속이나 감정 속으로 들어가야 한다. 그리고 반드시 그 사람의 입장에 동의할 필요는 없지만 그렇게 행동하게 된 인식의 구조를 파악해야 한다. 이 작업을 할 때 우리는 상상력을 발휘해야 한다. 그 사람의 상황을 파악하고, 개인적인 여건을 고려하고, 왕을 보기 위해 시골에서 힘들게 런던까지 걸어갈 때 느꼈던 순례의 기대와 피로를 느껴야 한다. 이것을 전문 용어로는 **감정 이입**이라고 한다.

이 과정을 거친 후에야 비로소 왕의 치료를 받으러 갔던 사람들의 생각을 이해할 수 있는 것이다. 역사는 이렇게 끊임없이 상상하기를 요구한다. 결국 역사는 시간 속의 변화를 알게 하고, 분석적이고 비판적으로 사고하게 하며, 상상력을 발휘할 것을 요구한다. 따라서 역사 학습자는 이른바 사고력을 신장시킬 수 있게 된다. 앞으로 역사가 갖고 있는 이 기능은 더욱 발전시키고 강화시켜야 할 것이다.

그러나 감정 이입을 통해서 역사를 연구하는 것이 무조건 좋은 것만은 아니다. 먼저 과거 인물의 감정을 현대 역사가가 그대로 느끼고 재연하기는 힘들다. 두 사람의 감정과 의식 상태가 다르기 때문이다. 그리고 설령 완벽하게 과거 인물의 감정을 재연한다고 해도 문제는 있다. 감정 이입을 통한 연구는 역사적 사건을 파악하고 평가하는 데 있어서 집단보다는 개인의 생각이나 감정을 중요시할 위험이 있기 때문이다.

우리는 왜 역사를 배우는가?

역사학자들은 역사란 무엇인가라는 질문을 심각하게 고민하지 않는다. 묵묵히 길을 걷는 사람에게 "걷기란 무엇이지요?"라고 물으면 뭐라고 대답할까? 십 리 길도 걷지 못하는 사람도 걷기란 두 발을 사용해서 몸을 움직이는 것이라든가, 운동이라든가, 명상이라든가, 자기와의 싸움이라든가, 건강의 지킴이라든가 여러 가지 대답을 할 것이다. 그러나 그 사람보고 천 리 길을 걸으라고 하면 절대 걷지 못할 것이다.

어른들이 걷는 것을 보고 아이들이 걷기를 배우듯, 역사가들은 스승과 선배들이 역사를 쓰는 것을 보고 역사를 쓰는 법을 배운다. 겉보기에는 똑같아 보이는 김치도 맛을 보면 집집마다 다르다. 젓갈을 넣기도 하고, 특이한 양념을 넣기도 하고, 숙성을 많이 시키기도 하고, 덜 시키기도 하고, 고춧가루를 사용하는 법도 다르다. 그러나 그것들은 모두 어떤 공통점을 가지고 있고 누구나 그것들을 보면 김치라고 부른다.

역사도 마찬가지이다. 누구에게 배우느냐에 따라서, 기록하는 사람이 누구인가에 따라서 역사는 다양한 모습을 하고 있다. 아이들을 위한 교훈집으로 쓰이는 것도 있고, 시정잡배들의 장난감으로 쓰이는 것도 있고, 인생에 대해 진지하게 고민하게 하는 것도 있고, 특정 집단을 위해서 전문적으로 씌어진 것도 있다. 과학적인 면을 강조한 것도 있고, 문학적인 색채를 띤 것도 있다.

따라서 역사는 칼로 무 베듯이 선명하게 정의되는 것은 결코 아니다. 그때그때 다른 모양을 하고 있고, 사람에 따라서 용도도 달라진다. 우리는 역사가 천의 얼굴을 하고 있다는 것을 알아야 한다. 역사는 때로는 천사가 되어 미소 짓지만 때로는 악마가 되어 우리를 경악케 한다. 역사가 옛것을 다루는 고루한 것이고, 절대 진실일 수 없으며, 수시로 모양을 바꾸는 심술쟁이라고 생각하고 역사를 무시하는 순간 역사는 악마가 된다.

역사를 소홀히 하면 우리는 우리가 누구인지 알 수 없으며, 우리가 소중히 여기는 것들에 대한 권리를 빼앗긴다. 우리가 태어난 강산, 우리가 소중히 여기는 문화와 전통, 그 모든 것들이 하루아침에 신기루처럼 날아가 버릴 수 있다. 독도는 일본 땅이 될 것이며, 고구려의 역사는 중국의 역사가 될 것이다. 그리고 우리 민족은 뿌리도 없이 방랑하는 집시가 될 것이다. 역사에서 주관성을 버려야 한다거나, 역사에서 민족적 색채를 버려야 한다거나, 절대 진리를 찾을 수 없기 때문에 역사를 버려야 한다는 생각으로 스스로 무덤을 파는 어리석음을 범해서는 안 될 것이다.

이 장에서 역사를 왜 배우는지에 대한 여러 의견을 검토해 보았다. 시대, 사람, 지역에 따라서 역사의 효용은 달랐고 앞으로도 그럴 것이다. 그러나 명확한 것은 역사가 사라지는 날은 없을 것이며, 싫든 좋든 모든 사람들이 계속해서 역사를 공부할 것이라는 사실이다. 그리고 역사가들은 끊임없이 사실을 발견하고, 재구성하고, 논쟁을 벌일 것이다. 역사에 대한 키케로의 말을 소개하는 것으로 이 장을 마치고자 한다.

"역사는 과거의 증인이요, 진실을 밝혀 주는 빛이요, 기억을 되살려 주는 생명력이요, 생활의 지침이요, 옛 시대의 전달자이다."

"태어나기 이전에 일어난 사실을 모른다면 당신은 영원히 어린이로 머물 것이다."

더 읽어 볼 책들

- 박성수, 『**역사학 개론**』(삼영사, 1977).
- 리처드 애번스, 이영석 옮김, 『**역사학을 위한 변론**』(소나무, 1999).
- 키이스 젠킨스, 최용찬 옮김, 『**누구를 위한 역사인가**』(혜안, 1999).
- 마르크 블로흐, 정남기 옮김, 『**역사를 위한 변명**』(한길사, 1979).
- 이기백 · 차하순 편, 『**역사란 무엇인가**』(문학과 지성사, 1976).
- 홉스 봄, 박지향 외 옮김, 『**만들어진 전통**』(휴머니스트, 2004).
- 양병우, 『**역사의 방법**』(민음사, 1989).
- E. H. 카, 김택현 옮김, 『**역사란 무엇인가**』(까치, 2001).
- 허승일, 『**다시 역사란 무엇인가?**』(서울대학교출판문화원, 2009).

민음 지식의 정원 서양사편 001

총론
역사란 무엇인가?

1판 1쇄 펴냄 2010년 11월 12일
1판 8쇄 펴냄 2024년 3월 19일

지은이 | 정기문
발행인 | 박근섭
펴낸곳 | ㈜민음인

출판등록 | 2009. 10. 8 (제2009-000273호)
주소 | 06027 서울 강남구 도산대로 1길 62 강남출판문화센터 5층
전화 | **영업부** 515-2000 **편집부** 3446-8774 **팩시밀리** 515-2007
홈페이지 | minumin.minumsa.com

도서 파본 등의 이유로 반송이 필요할 경우에는 구매처에서 교환하시고
출판사 교환이 필요할 경우에는 아래 주소로 반송 사유를 적어 도서와 함께 보내주세요.
06027 서울 강남구 도산대로 1길 62 강남출판문화센터 6층 민음인 마케팅부

ⓒ 정기문, 2010. Printed in Seoul, Korea

ISBN 978-89-94210-51-3 04900
    978-89-94210-50-6(세트)

㈜민음인은 민음사 출판 그룹의 자회사입니다.